百年"淑新"文化引领下的学校课程审视与未来构想

何园英 主编

编 委 会

主　编　何园英

编　委　马菊伟　王华萍　陈丽乔　顾秋妍
　　　　黄怡雯　邱诗怡　沈雨星　彭天宇
　　　　陆迎飞　杨晓婷　沈　涵　谢潇婷
　　　　王　琴　王宇雯　史加祥　方晓红
　　　　齐军奕　王　芬　潘媛媛

序

　　站立的高度决定了人的视野，而"看"的方向决定了所看到的事物。从百年"淑新"文化审视学校课程走过的历史，从而构想未来发展，以这样的话题著书立说，是一次极富挑战、需要智慧的尝试。上海市金山区第一实验小学何园英校长和她的团队撰写的《百年"淑新"文化引领下的学校课程审视与未来构想》一书为学校课程建设、学校发展提供了新视角，开拓了新方法。

　　课程发展需要精神引领。书中不仅呈现了百年"淑新"课程的发展史，更呈现了"淑新"文化引领下的学校奋斗史。上海市金山区第一实验小学前身为淑新女塾。1905 年 4 月 23 日，在教育救国、解放妇女思潮影响下，陈贻芬、吴钦业等先辈借西林寺藏书阁为校舍，合力创办"淑新女塾"。1913 年，在建校周年纪念会上定"勤朴"为校训。随着教育的发展，"淑新"中的"淑性知礼，化为良善"，"勤朴"中的"勤能、俭朴"逐渐化为了教育对美对善的追求，转化成了一代代教育前辈前赴后继、艰苦卓绝的"革新""勤朴"探索实践。在百年学校文化中，我们看到了"淑新""勤朴"展现出来的立体内涵，看到了"关注生命，以美育人，自觉实践，不断创新"的课程特征，看到了一代代教育人对教育价值的孜孜追求，看到了"课程发展"与"学校奋斗"是紧密联系在一起的。

　　课程发展需要创新变革。百年来，随着社会不断发展，学校课程在"淑新"文化引领下，不断创新与变革。课程设置从关注"女学"开始，逐渐走向关注儿童；从关注国语、公民教育、卫生习惯开始，走向国语、算术、社会、自然、工艺、美术、音乐、体育等；从关注德智体"三育并进"直至关注德智体美劳"五育并举"；从"必修课""活动课"两个板块课程的管理和实施，到"基础型课程""拓展型课程""探究型课程"三大类课程板块的研究。课程实践从西学东渐走向本土化探索，相继尝试了"五段教学法""自学辅导法""设计教学法""一课一得"等教学方法。课程评价中，一代代教育前辈探索测验、演说竞赛、师生共同参与等评价方式,改革教学评价和成绩核定的办法,关注非智力因素,等等;探索素质教育实践模式,研究"金山好学生"标准,从单一评价不断走向多元评价。细细品味,这些探索中都隐藏着许多朴实的教育哲理,隐含着教育者对教育的思考,对生命的敬畏。

　　课程发展需要特色探索。伴随"淑新"课程发展,学校开始走向对美育实践的不懈探索。美育作为"淑新"课程的一个重要组成部分,一直与"淑新"课程相伴而行。美育发端期,从知识、技能、陶冶这三方面启发儿童发现美、陶冶美和创造美的课程设置。改革开放以后,通过开辟"第二课堂",成立许多艺术类兴趣小组,提升审美情绪和艺术素养实践。结合一期课改课程理念,学校在各学科中梳理美育教学目标,展开目标美育在课堂教学中的渗透研究。二期课改中,有课程美育的文化渲染,有美育课程的开发实践,更有课程美育与美育课程有机融合。从艺术美育到目标美育再到过程美育,最终到课程美育的持续跨越,让学校教育研究从课堂教学深入课程建设,从关注教育的社会作用走向教育的生命意义,让求索始终驰骋在生命最优化的美育研究之路上。

　　学校发展需要与时俱进。学校文化是学校的灵魂与精神支柱,是学校绵延不绝的力量源泉。作为一所有高度文化自觉的学校,上海市金山区第一实验小学一直走在探索实践的路上。面对新时期"办一所传承传统、融合现代的绿色智能学校,一所让童心、童真、童趣得到充分释放的美育特色学校"的办学理想,面对课程改革如火如荼的推进,面对"十四五"发展规划开启的新征程,学校正着力在回答现实问题中构建未来发展的蓝图,比如今天的学生需要怎样的知识、技能、态度和价值观,才能胜任新生活的环境?今天的"淑新"课程该如何回答"培养什么人、怎样培养人、为谁培养人"这一根本问题?因此,学校梳理百年课程发展史,找寻"淑新"课程发展的根脉,从课程的过去与现在中寻找学校发展的历程和精神动力,以此再思考、再架构、再出发,就有了鲜明的现实意义。

　　本书以丰富、翔实的资料,追溯了上海市金山区第一实验小学在百年"淑新"文化引领下学校育人目标的不断厘清与发展过程,"淑新"课程不断改进、革新、重构、融合、发展的过程,以及"淑新"课程顺应时代变革进行的未来构想与设计。借助百年课程的发展,读者可以看到"淑新"课程初来之路,可以看到先辈们在教育改革、创新实践中留下的探索足迹。而这些,既可以为教育工作者或研究者了解百年"淑新"课程发展史提供借鉴,也可以为青年教师提升专业动力提供借鉴,更可以为其他学校,特别是区内外众多百年老校希望通过寻找学校文化之根谋划未来发展提供借鉴。这是一件很好的事,相信本书能给读者带来很多启发与思考。

本书撰稿之际,正值金山教育以融合育人理念推动区域教育变革之时,上海市金山区第一实验小学聚焦文化引领、课程建设,永不满足、永远追求的"百年探索",为全体金山教育人面对新时代,审视教育变革、思考课程创新、谋划学校发展提供了宝贵的经验。

往昔无悔,来日可期;自觉行动,芬芳留存。百年的足音回荡、沧桑变迁,是智慧的浇灌,更是拼搏的必然!在此衷心祝愿上海市金山区第一实验小学在"以美育人"的征途上越走越好。

上海市金山区教育工作党委书记　顾宏伟
2021 年 3 月

目 录

序 …………………………………………………………………………… 1

第一章 "淑新"文化的萌芽与滥觞 ……………………………………… 1
　　一、20世纪初世界教育思潮中的西学 ………………………………… 1
　　二、20世纪初中国教育的"西学东渐" ………………………………… 3
　　三、"淑新"学校文化萌发的时代"孕育" ……………………………… 12

第二章 "淑新"课程的初创与嬗变阶段(1905—1949) ……………… 21
　　一、"淑新"课程的发轫与"革创"(1905—1917) …………………… 21
　　二、"淑新"课程的改进与革新(1918—1936) ……………………… 52
　　三、"淑新"课程的"混沌"与"厘革"(1937—1949) ………………… 79

第三章 "淑新"课程的重构与适应阶段(1949—1958) ……………… 96
　　一、苏联教育体制影响下的课程借鉴 ………………………………… 96
　　二、新中国教育背景下的"淑新"继承 ………………………………… 105

第四章 "淑新"课程的融合与生长阶段(1958—1988) ……………… 119
　　一、苏派与海派的教育归并 …………………………………………… 119
　　二、"淑新"课程的探索与跃进(1958—1966) ……………………… 122
　　三、"淑新"课程变迁与回潮(1966—1976) ………………………… 128
　　四、"淑新"课程的恢复与发展(1978—1988) ……………………… 131

第五章 "淑新"文化的改革与时代解读(1988—) ………………… 141
　　一、"淑新"课程改革的基地示范与引领(1988—2000) …………… 141

二、"淑新"课程改革的世纪跨越与回眸 ……………………………… 152
三、"淑新"与美育的百年对话 …………………………………………… 156
四、"淑新"文化的学校融合与生长（2000—2020）……………………… 158
五、"淑新"文化的未来构想与设计（2020—　）………………………… 185

参考文献 ………………………………………………………………………… 193

第一章 "淑新"文化的萌芽与滥觞

一、20世纪初世界教育思潮中的西学

20世纪初,世界各国的教育思想经过长时间的发展,形成了较为系统的理论体系,并且涌现出多次教育思潮。西方教育思潮,对东西方国家的教育理论与实践均产生了深刻的影响,并在总体上引领着世界教育的潮流。

(一) 欧美主要教育改革运动

这段时期,欧美的教育革新运动主要包括美国的进步主义教育运动和欧洲的新教育运动。两个教育改革都反对传统教育,把儿童作为教育的中心,重视儿童的自由、兴趣、主动性、经验及活动在教育教学过程中的作用。强调教育与社会生活的联系,重视课程的改革,主张以科学和生活代替古典知识在学校中的主导地位,提倡个别化的教学方式等。两者之间虽存在着许多共同点,但由于其发生的背景、发展的过程及对改革的着眼点不同,又有许多不同之处。

1. 进步主义教育

进步主义教育运动试图通过对传统教育的全面清算,建立起一种全新的、符合现代工业社会要求的教育制度。它对传统的批判是彻底的。在教育改革中占主导地位的是激进的批判和全面的指责,力图通过对西方教育传统的深刻反思,在现代工业社会的基础上,以新的理论为指导,建立起以儿童为中心,以人的解放和社会进步为目的的新的教育秩序。[1]

进步主义教育以杜威的《民主主义与教育》《学校与社会》等教育著作以

---

[1] 张若以,高天枢.实用主义思想对中西方教育的影响[J].现代交际,2019(13):143-144.

及哲学、心理学和伦理学等理论为基础。教育家们试图对教育进行全面改革，打破教育与生活的割裂，改革传统的书本式教材，用单元教学、小组教学来代替班级授课制，这种改革是彻底的、全面的。

在教育与社会生活的关系上，进步主义教育家强调教育与社会的联系，其目的在于通过促进儿童发展，带动社会的进步。在教育目的上，进步主义教育家强调培养民主社会的公民。在教育内容与课程设置上，进步主义教育家提倡以经验式的主动作业取代传统书本式教材的统治地位。

2. 新教育运动

欧洲新教育运动，亦称"新学校运动"，19世纪末20世纪初欧洲兴起的教育改革运动，以反对传统教育、提倡发展儿童能力与个性为主要特征，曾对欧美国家的学校教育产生过很大的影响。新教育思潮最早在英国形成，19世纪末20世纪初，又扩展到德国、法国、瑞士、比利时和意大利等国。1889年，英国教育家C.雷迪在阿博茨霍尔姆创建一所乡村寄宿学校。这是欧洲第一所"新学校"，标志着新教育运动在欧洲的开始。法国教育家E.德穆林和德国教育家H.利茨也在本国开办了同样类型的学校。新学校遍布欧洲各国，形成了盛行一时的新教育运动。

学校非常注重体育，以增进学生的身体健康。在教学上，注意学生兴趣和创造力，使学生的独立精神得到充分发展。学校采用家庭式的教育管理方式，促进学生个性发展。欧洲新教育运动就是从一些教育家开办"新学校"而发展起来的，主要增加了一些现代科学知识和实际技能训练的课程。它的兴起，主要是由于教育与欧洲资本主义发展不相适应，教育家们期望教育改革与发展能跟上社会前进的步伐，从而使二者互相促进。

（二）两种教育改革的特点

进步主义教育运动强调以儿童为中心，要求发展儿童的主动性和创造性。杜威依据詹姆士的机能主义心理学提出，教育的任务就是要根据儿童本能生长的不同阶段供给他适当的材料，促进本能的表现与发展。因此，教育应该是主动的，应该与儿童的兴趣相联系。强调教育要以儿童为中心，自然就要淡化教学过程中教师的权威意识，不仅适应了美国社会转型的历史要求，也培养了学生的民主意识，使进步主义教育运动呈现出鲜明的民主性特点。美国教育的实用性起源于殖民地时代，进步主义教育运动在发展过程中也继承并发扬了这一特点。进步主义教育的理论家主张通过"解决问题"进行学习,而不是灌输教材,认为传统的学习基本上是在接受知识,这种学习是无用的,要使知识有意义的话,那必须要用知识来做某事。因此,进步主义教育的理论家主张"从做中学"。

相比之下,欧洲的新教育运动缺乏统一的理论基础。他们认为传统教育压抑了儿童的本性、创造性,要求改革教育,以促进儿童多方面的、均衡的发展,但他们对教育与社会改革之间的关系缺乏深刻的认识,没有看到教育变革对社会变革的意义。新教育家们对传统教育中理论脱离实际,教育脱离生活的弊端进行了抨击,强调对教育和教学内容等进行改革,使之更能符合儿童的本性,更能满足儿童的兴趣与需要,以此促进儿童的发展。新教育家们强调学校教育和教学内容必须与现代社会的发展相联系。为此,他们要求在学校中,为学生开设广泛的、为现代社会所需要的科学和知识课程。

二、20 世纪初中国教育的"西学东渐"

从 16 世纪末 17 世纪初到近代,西方教育思潮对我国教育不断产生影响,"西学东渐"就是指这一时期西方学术思想向中国传播的一个历史过程。它最早可以追溯到利玛窦等传教士访华。本章节着重来探讨并研究鸦片战争后 20 世纪初中国教育挣扎中的"西学"。

(一) 新教育思想的产生

中国长期都处于封建王朝的统治之下。为了满足封建社会的需求,中国的传统教育已经适应了以自然经济、宗法制为基础的社会,并以此培养了一大批人才。传教士访华所带来的"西学"是第一次东西方文化的碰撞。但在当时,正统士大夫始终站在华夏中心论上,认为传教士访华后所带来的"西学"都是别有用心的,甚至于 1720 年颁布了禁教令,这一情况一直延续到了清朝。由此中国与世界的联系被隔断,并悄然落后于世界文明。与此同时,封建专制进一步被强化,文化与教育制度也在日趋腐朽堕落。

1. "采西学"意识的觉醒

封建王朝统治下的中国也曾是世界的霸主,掌握着世界的经济命脉,因此清政府也常以世界中心自居,而打破这一局面的转折点就是1840年的第一次鸦片战争,这一场战争使得中国从封建社会走向半封建半殖民地的社会。在鸦片战争失败的冲击下,亡国灭种的危机感迫使中国人重新思考教育中德行与技艺科学之间的关系,同时,一大批拥有先进思想的中国人站了出来,对当时的封建社会与传统教育提出了批判与反思。如龚自珍等人力主废除科举制度,培养新式人才,这一教育思想的提出也是前无古人后无来者的;林则徐大量采购了西方的报刊并率先翻译了西方书籍,还提出了"向西方学习,开眼看世界"的教育主张;魏源也提出了"师夷长技以制夷""以夷攻夷,以夷款夷"①等颇具有时代特征的"采西学"的教育思想,不仅提倡学习西方的先进科学技术,还要求学习西方的先进科学知识,并努力建立"经世致用"的教育价值观;而曾国藩又在魏源的基础上提出了"师夷智以造船制炮"②的观点,和学习西方先进军事技术的新教育思想。魏源和曾国藩等有识之士的主张无疑都松动了"夷夏大防"的传统观念,也进一步拉开了中西方文化教育融通的序幕。

2. 西学思想的广泛传播

第一次鸦片战争,除唤醒了一部分先进中国人的教育思想,也使得中国被迫开放,禁教令的解除使西方大量的传教士顺利进入中国。他们在中国开设了一系列的近代教会学校,传播西方宗教思想以及灌输一些崇洋媚外的思想。他们的到来,使得西学得到了更大范围的传播,大量的西方书籍也涌入了中国。自此中国人西学东渐的意识开始觉醒,中国传统教育思想与西方新式教育思想有了激烈的碰撞。而在其后的第二次鸦片战争中,清政府更是进一步加深了对于西学的认识。

在我国古代的传统教育中,知识面的狭隘是教育的一大弊端与局限,尤其是八股文和程朱理学等的兴起,限制了学子们的创造力,因而中国的科学技术在近代落后于西方,教育的落后和创造力的缺乏是其主要原因。于是乎,一部分知识分子在亲眼看见西方先进的科学技术后,强烈呼吁要把这些

---

① 严加红.中国近代早期"采西学"教育思想的产生与发展评述[J].国家教育行政学院学报,2005(04):90-94.

② 《校邠庐抗议》,载《采西学议》第67—69页.

先进的科学技术纳入中国教育中。他们主张会通中西,不带成见地、客观地正视西学,但不是一味地尊崇西学,贬低中学,而是在会通中西的基础上做到超越西方的科学知识。其中冯桂芬就在《采西学议》中提出"中国之伦常名教为原本,辅以诸国富强之术,不更善之善者哉!"①的观点。他的观点中强调了以中国的传统教育思想为根源,以西方发达先进的科学技术为辅助,这便是中体西用的雏形。而中体西用的教育思想在中国近代教育发展史上有着深远的影响。

(二) 教育内容的革新

在经历了鸦片战争的惨败以及太平天国运动的打击后,清政府已经处于内外交困的境地。此时,西学不仅引起了一部分先进知识分子的注意,更引起了一部分清朝统治者的重视,西学的广泛传播直接导致了洋务运动的兴起。洋务派开始办起了洋务教育事业,而他们寻求的洋务人才的标准为既恪守封建道德,又兼具西学器物技艺之人。

1. 洋务学堂的兴起

洋务派代表人物李鸿章曾在奏折中表示:"中国欲自强,则莫如学习外国利器。欲学外国利器,则莫如觅利器,师其法而不必尽用其人。"②他的这一认识不仅承认了西学在科技上的先进性,也看到了通过科学技术而生产的机器在富国强兵道路上的重要作用。显而易见,他认为现今应要培养通西学的洋务人才,这一类洋务人才应该是熟练掌握西方近代先进技术之人,再经由这些新型人才去制造"制器之器",才能真正意义上摆脱对西方的依赖,通向中国的富强之路。而在教育内容上,他又有如下见解:"天下无不可学之事,无不可成之功。"以及"今西洋器械,借风力、水力、火力夺造化,通神明,无非竭耳心思之力以利民用。我师其所长而用之,则西洋之长技,皆可为中国之长技,诚万世之技也"。李鸿章的言下之意就是学习西学并不困难,中国也可以学习。由此,他开始积极创办洋务学堂,大开风气之先,这些洋务学堂最大的特征就是突出实用性。

2. 课程内容的开设

洋务学堂中最为重要的就是京师同文馆的创立,由恭亲王奕䜣于咸丰十

---

① 《校邠庐抗议》,载《采西学议》第 67—69 页.
② 李世宏.西学东渐与中国传统教育早期转型[J].中外教育(福建),2002(3):15-18.

年(1860)十二月奏请开办。这是清末第一所官办的外语专门学校,这也意味着洋务运动有了当朝实力派的支持,西学东渐终是走上了大规模的实践道路。

作为最早设立的洋务学堂,京师同文馆承担了印刷、出版活动,成为清政府了解西方世界的窗口,曾先后译制出版自然科学及经济学等20余种书籍。学堂初以培养洋务人才、外语翻译为目的,因此开设了英文、法文、日文等多门外文课程,后又增添了算学馆,教授天文与算学知识,此外还设有化学实验室、天文台等等。京师同文馆为清政府培养了一批精通外文的译员,它也是中国近代教育的开端,具有重大意义。它在授课上,采取了班级制与年级制;在教育内容上,采用八年课程计划,即前三年学习外语,后五年学习西方的实用技能,不再学习四书五经。因此同文馆的学员不必参加科举,这些都是对于中国传统封建教育的重大革新。

除了这一类的语言学堂外,在"中体西用"的指导思想下,洋务派开始部分引入西方近代资本主义的课程教育内容,如"算数、几何、化学"等近代的自然科学内容,这些教育课程在新式学堂中成为普遍常见的存在。洋务派还积极开设技术学堂,用来培养轮船制造、医学、航海、矿务等领域的专业技术人才。

洋务教育对于西学的学习与追求,打破了传统的教育模式,使旧式学堂的教学内容、教学方式方法等等都发生了重大的革新与冲击。在教育形式上,通过洋务运动被改革的传统书院出现了分科教学的形式,并在许多书院得到了推广与发展。在教育内容上,旧式学堂传统的教育内容就是经学诗赋,而教学方法则为自行先读后背最后再听先生讲解,以个别教学为主,考试的形式为做八股文章。而在洋务教育的推行下,多样化的近代西学知识,开始逐步取代单一的儒家经学内容,外文与西方先进的科学技术知识也同样进入了课堂。

到了洋务运动后期,传统教育中的经学内容一般不列入正式课程,也鲜有考核。另外,值得注意的一点,就是西学课程的比例与课时数逐年递增,西学的课时数占了总课时数的80%到90%,西学知识甚至渗入了民间办学以及普通教育,地方官绅以及民间人士也开始创办中西学兼习的新式书院,其中上海地区的此类书院占比较大。这一类书院在传统书院的课程设置中纳入了西学课程(参考表1-1),虽书院数量较少,但有所突破的是中西学兼习的课程内容设置已经拓展到了普通教育。

表 1-1　洋务运动时期中西学兼习的书院课程设置例举

年　份	书　院　名	课　程　设　置
1873	陕西味经书院	道学类、史学类、经济类、训诂类、地舆、制造、兵事、电气、光镜、化学、医学、矿学、算学、气学、重学。每日均作六时,以二时讲阅经史,二时习学西艺及西书,二时游息
1874	上海格致书院	学有二端,听其所向。一为西国语言文字,一为算学、化学、矿学、机器之学等格致实学
1878	上海正蒙书院	设国文、经史、地理、实务、格致、数学等。自1882年起添设英文、法文,旁及应对、进退、洒扫,练身习武之术
1876	上海求志书院	设为六斋:经学、史学、掌故之学、算学、舆地之学、词章之学

3. 科举取士的动摇

大量的西学课程占据学堂,这无疑动摇了科举入士的唯一性,也动摇了中国传统教育的正统地位。洋务派开始要求变通科举制度,李鸿章就曾提出将"西学"引入科举中。他认为中国的士大夫"所用非所学,所学非所用"①,并要求变通科举考试功令,提出"另开洋务进取一格,以资造就"②,从而更好地培养洋务的新式人才。在这一思想的影响下,取士的标准开始转向"鼓励新旧学兼通",如1887年,在陈琇莹的建议下,科举考试中添设了算学一科,这一科中包含了机器制造以及各国史事等在内,这也从另一个侧面证实了洋务运动期间40余所新式学堂在教育内容上的革新,改革传统科举制度也终于显露出了一线希望。

洋务派除了开设许多教授西学的新式学堂外,还聘请了一批外国的科技人才,如京师同文馆花重金聘请了洋教习威妥玛等。但很显然的是,洋务派并不满足于现状,他们意识到现在所学皆为初时旧式,如此往后数年,西方推陈出新,中国又成故步,终是会落于人后的。因此清政府于1872年起派第一批幼童赴美留学,至1881年7月将留学生分三批撤回。撤回时仅有

---

① 郭齐家,葛新斌.西学东渐与中国教育目标的近代化[J].教育研究,1997(07):62-66.
② 侯耀先.洋务运动时期洋务派对富国强兵道路的探索[J].宝鸡文理学院学报(社会科学版),2007(04):60-64.

詹天佑与欧阳庚两人大学毕业,其余大多在大专院校或中小学校就读。这一批留美幼童接受着西方的教育,从西方教材中学到了许多未曾接触过的自然科学知识,同时也接触到了很多资产阶级启蒙时期的人文社会科学文化。长期受西方文化的熏陶,他们逐渐对个人权利、自由与民主产生了向往,而这种教育内容与变化是清政府所不能容忍的,也违背了"中体西用"的教育思想。因此,留美幼童返回中国后并没有得到清政府的重用。但这是清政府第一次官派留学活动,是具有开创性意义的事件,其中的许多幼童长大后也成了科技型人才,如有着"中国铁路之父"之称的詹天佑等,并在日后的清末新政中崭露头角。以上这些都反映出了当时在教育内容上清政府已经学习西方,并且是大规模的学习,进入了实践的阶段。

(三)教育制度的转变与建立

在经历1894年中日甲午战争的战败后,洋务运动彻底宣告失败,中国的民族危机日趋严重,世界列强纷纷效法日本意图瓜分中国版图。在这一大背景下,中国资产阶级维新思潮迅速地发展,成了爱国的维新变法运动。正如梁启超所言:"自甲午东事败后,朝野乃知旧法之不足恃,于是言变法者乃纷纷。"[1]政治制度的不如人导致了中国如今的积贫积弱,因此变法维新势在必行,而维新志士们也都不约而同地将战略眼光放在了教育这一领域,当时的教育制度基本上沿袭明制,尤其强调科举,学校教育则处于有名无实的状态。清政府对于中等以及初等教育毫不在意,具体措施甚少,地方政府兴办的书院也屈指可数,一些少年儿童仅能在私塾中接受基础教育,因此清末的教育问题十分严重、异常落后。

1. 由教育内容转到制度上的学习

在教育上,维新派提出了许多主张,并完成了由西学教育内容上的学习到教育制度上的学习。首先,维新派将科举制度的弊端示于人前,如康有为指出,"今日之患,在吾民智不开,故士虽多不可用,而民智不开之故皆以八股取士为之。"[2]维新派呼吁废除八股取士,改革科举制度,培养经世致用之人,让西方近代的教育制度在中国有立足之地。其次,维新派认为设立新式

---

[1] 李华兴.戊戌维新与中国教育近代化[J].上海社会科学院学术季刊,1998(03):163-172.
[2] 李世宏.西学东渐与中国传统教育早期转型[J].中外教育(福建),2002(3):15-18.

学堂应该要仿照西方设立三级学校机构,郑观应于 1892 年就提出了"德国尤为明备,学之大小,各有次第,男女自 5 岁后皆须入学,不入学者,罪其父母"[7],在这里他强调了应该仿照德国推行义务教育,教育兴国,人人都需接受基础教育。他还把教育阶段分为三等,即 7 到 15 岁入初学、15 到 21 岁入中学以及 21 到 26 岁入上学。同样的,康有为也在《大同书》中提出了育婴院、小学院、中学院以及大学院的设想,向光绪帝提出了除旧布新的建议,如要设置独立的近代中央教育行政机关等等。

再次,维新派已经不满足于洋务派当时对于"西学"中西文、西艺的学习,他们把目光投向了西方的政治思想。梁启超就曾以日本为例子,谈及"日本效之,变法则独兴学校,学校则独重政治,此所以不三年而崛起于东瀛矣"。[7]他要求推动政治内容的学习。此外,维新派还提倡兴办女子教育,女子教育往往在中国传统教育中不受重视,而女学则在西学中占据一席之地。由于西学的广泛传播,"兴女学"的口号被提出,康有为就在《大同书》中格外青睐女学,提出了女傅、胎教的设想。

2. 清末新政下教育制度的建立

经历了甲午战争与八国联军侵华战争的两次惨败后,清政府签订了丧权辱国的条约,国家岌岌可危。清政府为了改变这一局面,主动进行了变法,于是在 1901 年,慈禧用光绪皇帝的名义颁布了"清末新政"。在张之洞等人的推动下,清政府对当时的教育进行了改革。

(1) 留学生在教育改革中的作用

"清末新政"的其中一项教育改革就是更广泛地派遣留学生,包括当时的第一批女留学生。爱国青年们在清政府的鼓励政策下积极地投入到留学日本的队伍中去。从 19 世纪末到 20 世纪初的十年间,留日的人数逐年递增,其中也有一小部分是戊戌变法后逃亡至日本的维新派。这些留学生在一定程度上推进了清末社会的变革,也促进了当时教育的发展,而这些留学生也在清末新政中崭露头角。

清末新政的主要内容就是兴办新式教育,培养新式人才,在张之洞与张百熙的幕僚中不乏许多留日归国的学子。因此在二张所拟定的《钦定学堂章程》以及《奏定学堂章程》的起草过程中,这些留学生的贡献很大。这两个章程主要参考了日本学制,分为三段六级,三段为初等教育、中等教育和高等教育,六级即初等小学堂、高等小学堂、中学堂、高等学堂、大学堂、通儒院,这也是我国近代学制的开端。此外,清政府颁布的教育宗旨为"忠君、尊孔、尚公、尚武、尚实",而"尚武"由于受留日学生影响被大力倡导,它效仿于日本的军国民教育。"请定军国民教育主义案"由各省教育总会正式提出,甚至直至民国仍沿用清朝教育体制,在其教育宗旨中保留了军国民教育的内容。

在新政的影响下,清政府下令各省府州县的书院一律改建中小学堂,自此,全国许多大中小学堂、专门学堂等等都如雨后春笋般出现,但这无疑带来了师资紧缺等问题。清政府同样派遣了大量人员前往日本学习师范课程,这些留学生归国后缓解了师资紧张的矛盾,并迅速地推动了全国各地学校基础教育的发展,逐步取代了日本教习在学校中的职位,成为晚清中小学教育的中坚力量。另外,留日学生通过引进日本的课程组织(如清末师范学堂的学制和课程组织都模仿日本高等和**寻常**师范的学校规程)及新式教科书和教育理论著作,也极大地促进了中国近代教育观念的形成。

(2) 教育制度的挑战与建立

在此背景下,现代教育制度开始酝酿而生,前文中所提及的《钦定学堂章程》是由张百熙于1902年主持制定的,即"壬寅学制"。它以日本学制为蓝本,将大学分为七科(政治、文学、农业、格致、工艺、商务、医术),分科设学。这个全新的学制设计是对传统教育制度的挑战,立学宗旨以"三纲五常"为基础。该学制中的蒙学堂、小学堂以及中学堂章程的教育目标围绕道德、知识与身体三个维度展开,"德智体"三育的教育形态初步显现,并逐渐成为教育制度的重要组成部分,此后的课程设置都以此为基础。

1904年,中国近代第一个近代学制——癸卯学制的建立,是清末新政期间另一项具有重要意义的教育改革,取代了"壬寅学制",成为第一个中国历史上由官方颁布并在全国实施的新型学制。"癸卯学制"体现了张之洞的学术分类原则和分科思想,但仍强调了"中体西用",因此在《学务纲要》中明确规定"学堂不得废弃中国文辞"等。

3. 废科举后对于教育制度产生的影响

清末新政中的教育改革除了创办新学堂、鼓励出国留学以及建立癸卯学制外,还有很重要的一项就是废除科举制。在"清末新政"时期,虽然科举制有一部分的改革,减少了取士的弊端,但伴随着学制的改革仍难以适应兴学育才的迫切需求。当时的社会,仍旧以科举为取士重心,因此地方各级官员以及广大的读书人等等都对兴办的新式学堂持观望态度,学堂并未真正往积极的方向发展起来,科学教育仍止步不前。

为了推广学校教育,更好地培养人才,1905年9月2日,清政府宣布正式废除科举制度,自此中国传统教育终于完成了具有转折意义的变革。此后,科学教育无论是在体制、规模还是专业课程上都得到了长远的发展,这是传统高等教育到近代高等教育的一次历史性的飞跃。从管理体制上来看,科举制的废除推动了新的各级教育管理机构的创立以及近代教育行政管理体制的形成,并且扩大了教育行政管理的职能。以学部(中央教育行政管理机构)为首的高等教育行政管理机构的创立推动了科学教育的发展。这一时期的新式教育也在大规模地发展,高等学校的招生数量迅速增长,办学的规模也在不断地扩大(参考表1-2)。

表1-2 1907—1909年全国高等专门学堂及学生数量

地 区	年 份	学堂数量(所)	学生数量(人)
京 师	1907	5	1 478
	1908	7	2 122
	1909	7	2 009
各 省	1907	74	12 639
	1908	84	16 590
	1909	104	18 639
合 计	1907	79	14 117
	1908	91	18 712
	1909	111	20 648

各类高等学府也开始大量引入西方自然科学以及社会科学的课程,渐渐地形成一套较为完整的课程体系,譬如清末创办的24所高等学堂,在废科举后陆续有19所开设高等正科,由此可见课程设置逐渐趋近规范化。而在维新变法时期被搁浅的京师大学堂也在废科举后重获新生,它于1910年3月正式开办分科大学,除医科暂缺,共设7学科13学门,其中"中学"4门,"西学"达到了9门。这些各类科学课程也成了奖励科名考试的主要内容,受到了普遍的重视。除此之外,科举制的废除冲破了传统教育的枷锁。清

政府对于留学生的派遣和放松控制,也使得1905年以后的留学生数量激增。单独看留日学生数量,1901年只有280人,而到了1905至1906年就猛增到8 000人以上。废除科举制对于当时的教育改革与发展具有重大的影响。

综上所述,"清末新政"中对于教育的改革为中国教育今后的转型打下了坚实的基础。学校教育也在清末开始萌芽,后又经历民国时期的不断完善趋于稳定,其中中小学教育尤其得到了新的发展变化,而"西学东渐"也对中国近代教育制度的转变与建立起到了催生的作用,可谓是意义非凡!

三、"淑新"学校文化萌发的时代"孕育"

随着西学引入,新学应运而生。与此同时,人们逐渐认识到女子教育对于女子自身、对于家庭和社会的重要性。在清末民初女子教育思潮与妇女解放思潮的互相激荡之下,19世纪中后期,西方传教士在中国陆续开设了女子学堂。19世纪末,国人自发创建的学堂也先后在民间出现。1905年,陈贻芬、吴钦叶等先生在今上海市金山区朱泾镇创办了淑新女塾,当时学生仅二十余人。

(一)"兴女学"思潮与"淑新"萌芽

在西学东渐、救亡图存基本理念的指引下,基础教育领域进行了一系列改革,取得了比较突出的成就和基本经验,诸如兴办学堂、建立学制、倡导女学、重视义务教育等。

1902年8月15日,张百熙拟定的《钦定学堂章程》即"壬寅学制"中,缺失关于女子教育的规定,女子教育被排除在国家教育体制之外。

1904年,张百熙、张之洞以"中体西用"为立学要旨,修订的《奏定学堂章程》即癸卯学制中,仅将女学包括在家庭教育之内,"以蒙养院辅助家庭教育,以家庭教育包括女学。"[①]张之洞等人认为,"三代以来,女子亦皆有教,备见经典。所谓教者,教以为女、为妇、为母之道也。"中国古代家庭结构使

---

① 璩鑫圭,唐良炎.近代教育史料汇编·学制演变[G].上海教育出版社,1991:398.

然,女子被禁锢于闺房之中,处于弱势地位,被认为是男子的附属品,角色变化无非"为女、为妇、为母",恪守"三从四德",乃女性之本。"令其能识应用之文字,通解家庭应用之书算物理,及妇职应尽之道,女工应为之事,足以持家教子而已。其无益文词概不必教,其干预外事、妄发关系重大之议论,更不可教。"①社会对于女性的要求局限于家庭中,尽妇职,事女工,操持家务,识得必要的文字即可,无须掌握太多其他知识,也无须了解国家大事。在古代封建社会,风气未开,男女有别,同校同班学习不符合礼教的价值观念,女子也不允许了解外国风俗,不能自由其灵魂,不能开放其思想。

由此可见,教育制度虽有了较大的改革,但癸卯学制仍然只是一个以男性为中心的教育体系,女子教育被排斥在学校教育体制之外,女子的学校教育权没有受到保护。她们只能在家庭中接受"为女、为妇、为母"的"三从四德""男尊女卑"的伦理道德教化,不然则是有伤风化。

1."兴女学"思潮与人权

在古代,女性地位低下,连生存的权利都无法保障,更别提受教育的权利,"女子无才便是德"的价值观念使得女性被排除在学校教育之外。"溺女"事件屡见不鲜,有学者认为这就是女学不兴的后果。"现因女学不设,故女子为人所轻,甚至前有溺女等事。"②正是因为女子不能进学堂学知识,习技艺,难以自养,所以为时人所轻视。进而提出:"女孩当学,学则有以养己之命,而成有用手艺。若视女命为可贵,则溺女之风可息。"③该学者认为女性可以通过教育获得自养自立的能力,从而保障人身权利。"兴女学"思潮与女子人权,这两者是对立统一的关系。

伴随着西方"天赋人权""男女平等"思想的传播,提高了社会对女性的认识,"兴女学"思潮由此产生。一些有识之士认为,"天下男女数目相当,若只教男而不教女,则十人仅作五人之用,妇女灵敏不亚男子。且有特过男子者,以心静而专也。"④人生而平等,男女皆为社会的组成部分,理应拥有同等受教育的权利,况且在习得能力上,女性也有其静心、专心的优势。因此保障女性受教育的权利对女子本身、对国家、对社会、对家庭均有积极作用。

---

① 璩鑫圭,唐良炎.近代教育史料汇编·学制演变[G].上海教育出版社,1991:396.
② 中国女学.张玉法,李又宁编.近代中国女权运动史料[G].龙文出版社,1995:543.
③ 中国女学.张玉法,李又宁编.近代中国女权运动史料[G].龙文出版社,1995:543.
④ 李圭.环游地球新录[M].谷及世,校点.长沙:湖南人民出版社,1980:41-42.

2. "兴女学"思潮与兴家

在古代家庭中,"男主外,女主内"的基本取向决定了女性主要的任务便是辅佐丈夫料理家中事务、养育子女。《女子世界》一书中提到:"一家主妇管理家政,犹一国宰相管理国政。丈夫倚赖主妇,犹国家之依赖宰相。宰相无学,则其国政不治,主妇无学,则家道零落。彼丈夫亦家累重重,自顾不暇,遑及尽其国民义务乎。"①

可见女子之为学,为丈夫分忧,优势可见于家庭管理。五伦之中,夫妻关系最为亲近,丈夫的思想易受妻子影响,其妻贤德,夫则良善。除此之外,女性作为母亲身份对于人才培养更有其重要意义。梁启超认为:"蒙养之始,母教之本,必自妇学始。故妇学实天下存亡强弱之大原也。"②在封建社会中,时人将"贤妻良母"作为女子教育的宗旨,女子接受教育的程度直接影响到孩子的智力水平和发展情况。女子掌握了一定的知识和技艺,能更好地协助丈夫,也能教育出更优秀的后代,对于整个家庭、社会而言,有推动进步的作用。

3. "兴女学"思潮与强国

西方社会有一句名言:"欲验一国文野程度,当以其妇人之地位为尺量。"③国家的政治、经济、社会、文化四个要素相互促进、相互制约。时人认为我国古代女学的缺失也是当时国力相对落后的主要原因之一。"兴女学"思潮兴起,当代知识分子百家争鸣,郑观应如是写道:"然女学校乃当今急务救本之始基"④,认为"兴女学"为救国强国的首要任务。

教育救国思想的第一要义就是广育人才,如若将女性排斥在学校教育制度之外,则剔除了种族中一半可能的人才。通过"兴女学"就能强化女性对于国家种族的认同感和责任意识,使她们通过自立自养成为国家的生利之人。其次,在传统家国观念的影响下,"兴女学"与强国的关系实际上以女子的发展为基础,女性的身体及学识对种族后代培养起着重要作用,并通过其对家庭的影响来达到强国强种的目的。就孩子而言,多与母亲亲近,受母

---

① 志群.女子教育[J].女子世界.1905年第6期,第2页.
② 梁启超.论女学[J].时务报.1897(4):6.
③ 梁启超.新大陆游记[M].长沙:岳麓书社,1985:583.
④ 郑观应.致居易斋主人论谈女学校书.张玉法、李又宁编.近代中国女权运动史料[G].龙文出版社,1995:546.

亲品德的影响,由母亲承担抚养的责任,那么,明理的母亲就更有可能培养出道德高尚的孩子,掌握基本的卫生、医疗知识的女性才能培养出强健的国民。

"倡女权,兴女学"在 20 世纪初封建礼教下的中国举步维艰,艰难前行。有识之士受教会女校的启发,私资兴办女学,影响了官方对女校的态度,逐渐出现了官办女子学校。

1905 年 4 月 23 日,在教育救国、解放妇女的思潮之下,淑新女塾始得创办。邑绅陈贻芬(金山县首任红十字会会长)、黄公续(明强小学创始人)、丁彦翀、吴钦业、李伯雄等人合力创办淑新女校,推陈贻芬为校长,借西林寺藏书阁为校舍,聘庄熙瑞、朱傑超、唐思齐、夏鼎铭、沈崇基、周开基、陆规亮 7 人为教员(陆规亮于民国时期为江苏省督学)。以春季为学年始,招女孩子上学。

直到两年后,1907 年,清政府颁布了《奏定女子小学堂章程》和《奏定女子师范学堂章程》,使得女子教育在学制上始有地位,从而推进了男女平等,对封建特权和等级制度进行了强烈的反击。这标志着女学正式被纳入学校教育体制,女子的受教育权受到了官方与法律的认可。

这证明了"淑新"学校文化站在教育思潮的前端,也正是诸如淑新女塾这样的女校建立,推动了清政府将女学正式纳入学制中,保障了女子受教育的权利。

(二) 蓬勃发展的江苏教育与"淑新"发展

1. 重教的社会环境,孕育"淑新"文化

淑新女校建立之初,隶属江苏省。自古以来,江苏便是人文荟萃之地,文化教育事业较为发达。追溯至元朝,一些有识之士便拉开了朱泾镇私资办学的历史帷幕。当时,朱泾镇所在的胥浦乡有热心人开办了邵氏义塾,贫寒人家子弟逐渐有了读书的机会。之后,朱泾镇才开始建立公办学校,这些学校被称作社学、义学、县学等,其中以清道光十年(1830)官民共同捐助建成的柘湖书院较有声名。大约 70 年后,即光绪二十九年(1903),柘湖书院在全国一片创办新式学校的呼声中,改为官立柘湖高等小学堂,开创了朱泾镇创办新式学堂的先河。

进入近代社会之后,江苏的官商士绅等各界人士纷纷介入新学堂的开办,尤其是清末新政时期,中小学新式学堂剧增,居全国第8位。1905年,朱泾人黄公续创办了明强小学。自明强学校开设后,朱泾镇上公私办学之风大盛。同年开办的还有公立同仁学堂等。当时,教育救国与"兴女学"思潮激荡,陈贻芬看到明强小学专收男生入学,就决心创办女子学校,保障女性受教育的权利。当时,他和吴钦叶等人奔走呼号,筹募捐款。初创时,困难重重,家长受封建礼教束缚,不赞成女孩子上学。陈校长和教员亲自登门劝学,终于招到女学生20余人,分两间教室授课。

重教的社会环境助推"淑新"文化的产生。清末民初,江苏教育得到了迅速发展,得益于江苏自清末以来形成的良好发展基础以及全社会的重教环境。部分行政官员和诸多商绅、民间团体对中小学教育有着不可或缺的支持。江苏乃得风气之先之地,倡导男女平等,女子教育较为发达,也为"淑新"学校的产生提供了有利条件。

2. 教育学会成立,促进"淑新"发展

回顾清末时期江苏中小学教育的发展,以教育会为代表的民间教育社团组织在其中的参与、推动、引领等作用是不可忽视的。清末新政时期,清政府解除了部分党禁,各类专业社团得以获准设立。1902年于上海成立的中国教育学会,标志着我国近代民间教育社团设定的开始。正是在此背景下,清末实业家、教育家张謇担任首任会长的江苏教育总会(原江苏学务总会)得以迅速发展壮大。

张謇对女子教育有着独到的见解,他认为"世苟文明,学不可遗女子"[1]。健全完备的女子教育制度有助于女子成为自由、独立的人,也有助于国人品格的塑造,和国家的未来息息相关。在实际兴办女学的过程中,张謇注重女子精神品格的陶熔。他倡导女子将学知识和学技能与自身精神面貌、生存状态、品行修为融为一体,并扩大到家国和社会,为社会的进步和国家的强盛提供力量。[2] 当时,"兴女学"思潮中,将女性培养成"贤妻良母"是主流观点,这也是张謇所推崇的,女性应养成"勤朴"之风即勤能、俭朴。1913年,学校(当时已改名为市立第一女子初等高等小学)在建校周年纪念会上提出,定"勤朴"二字为校训。张謇的思想主张对淑新女塾定"勤朴"为

---

[1] 李明勋,尤世玮.张謇全集:第四册[M].上海:上海辞书出版社,2012:166.
[2] 周宇清.近代女学兴起背景下的张謇女子教育思想与实践[A].北京教育学院学报,第32卷第5期.

校训有指引作用。

依靠江苏教育学会的力量,促进了"淑新"学校文化的发展。江苏教育总会对基础教育建设和发展的参与和支持,主要包括争取教育经费、引领教育改革、维护团体利益等。引领教育改革是教育社团对中小学教育发展的主要工作。江苏教育总会等教育社团主要通过邀请教育名家举办演讲报告会,出版教育书刊,组织教育培训,开展教育调查,成立各种专门研究会等宣传教育思想,传播教育理念,研究中小学教育问题,推动基础教育改革,为淑新女校的创办与发展指明了方向。

(三)"淑"与"新"的文化本意

在以农立国的中国社会,小农家庭的组织结构中,女子以家庭为世界,除了必备的生活技能之外,很少接受新的科学知识。在重男轻女思想严重荼毒的封建社会,淑新女塾作为朱泾镇历史上创建的第一所女学,是一大革新。同历史时期,各地已有不少创办女学的先例,对淑新女塾的创立提供了经验,也为"兴女学"思潮的发展和传播有积极意义。

1. 经正女校的办学宗旨

受教会女校的影响,1898年5月31日,维新人士康有为、梁启超等人在上海创办了中国历史上第一所由国人自办的女学堂——经正女学,主事人为经元善。从此之后,女子教育在中国社会始有地位。"课程分为中文、西文两种。中文课有《女孝经》、《幼学须知句解》、《女四书》等;女红、绘事、医学间日习之;每旬逢三、八日,则由教习(教师)传授西学课程。于读书写字之暇,兼习体操、针黹、琴学等。"①所授课程仍是以传统国学为主,旨在培养"贤妻良母",可见经正女学将妇德的培养置于关键地位,重于读经讲经规范德行,西学虽有涉及,但比重较少。随着戊戌变法的失败导致经正女学很快停办,又兴起一番女学之热潮。

梁启超对女学的主张是将女性培养成"贤妻良母"。他在《创设女学堂启》一文中提出,创办女学的目标是"上可相夫,下可教子,近可宜家,远可善种"。② 这也是当时兴女学思潮的主流。

---

① 杜学元.中国女子教育通史[M].贵阳:贵州教育出版社,1996:307.
② 梁启超.创设女堂启[A].朱有瓛主编.中国近代学制史料第一辑下册[C].上海:华东师范大学出版社,1986:618.

2. 爱国女学的办学宗旨

1902年冬，由中国教育学会成员蒋智由、黄宗仰提议，蔡元培、陈范等人联名发起，在上海创办爱国女学。以"增进女子之德、智、体力，使有以副其爱国心为宗旨"①，所授课程包括伦理、地理、国文、数学、英文、东(日)文、体操、卫生学等。较之以往传统国学的知识范围有所突破，通过增设地理、数学、体操、卫生学等自然科目，几乎抛弃了先前女学宣扬的培育贤妻良母的教育宗旨。在1904年补订章程中规定："学校本科分为文质两部，伦理、教育、国文、外国文、算学、家事、图画、体操为公共必修科目；此外，文科开设心理、伦理、历史、地理、法制、经济，质科开设博物、物理、化学、手工、裁缝、音乐。"

爱国女学相较于经正女学有了较大的突破，从其办学宗旨来看，爱国女学以培养学生的爱国情怀、革命意识为主要目标，并且注重女子德、智、体三方面的培养，通过增设自然科学等科目，力求女性能更多地学习科学知识。而经正女校的课程中虽开设了中文、西文课程，设体操、针黹、琴学、女红、绘事、医学等学科，但侧重于培养家庭中的贤妻良母。

上述介绍的这两所办学理念截然不同的女学，代表了当时学者对于女学的两种态度，即培养以家庭为中心的贤妻良母和培养具备独立人格的时代新女性。两校办学宗旨不同，课程侧重点也不同。不得不说，均给予了1905年淑新女塾的创办以启发。

从校名来看，淑新女塾的办学宗旨在遵循清政府颁布的教育政策改革的制度基础上加以革新。《钦定学堂章程》明确小学堂教育宗旨："在授以道德知识及一切有益身心之事。"《奏定学堂章程》进一步明确了各方面要求，规定初等小学堂教育宗旨为"启人生应有之知识，立其明伦理、爱国家之根基，并调理儿童身体"。高等小学堂则为"培养国民之善性，扩充国民之知识，强壮国民之气体"。多次教育政策改革，均以"忠君、尊孔"为中心，以"淑性知礼，化为良善"为意图。"淑"乃"善、美"之意，符合当时"兴女学"思潮的主流观点，将女性培养为贞静顺良、慈淑端俭的贤妻良母。"新"则是不同于旧思想、旧观念，是一种革新，也时值清末新政时期，是改革的新气象。1905年淑新女塾创办之初，女子入学尚未纳入教育体制中，创立女学，实属革新。

---

① 孙培青.中国教育史[M].上海：华东师范大学出版社，1992：590.

"淑新"二字由此而来。

3. 淑新女塾与明强小学比较

（1）建校宗旨之异

明强小学于光绪三十一年（1905）正月，由黄公续独立创办，是一所男子学校。刚从日本游学归来的李伯庸受聘为该校校长，一些饱学之士纷纷任教该校。明强小学分南北两部分。最初，在西林寺朗怀山房的旧址上修建起校舍，后又将朱泾市河以南的私宅辟建为分校，这样形成南北两部。其中，南部专以招收贫苦农家子弟为主。为方便南北学生往返，在市河上架设了一座木桥（今名新木桥）。学校宣传进步的思想，倡导读书救国，在学校墙上刷有"读书不忘救国，救国不忘读书"警语，宛如校训。明强小学的诞生顺应时代"兴学育才，实为当务之急"的要求，也为贫苦农家子弟获得教育创造了机会。

从明强小学的校名以及校训来看，明强小学以培养人才教育救国为办学宗旨，"明"意为明理、光明，"强"为富强、强盛。通过教育学生明理，知道中华民族正处于危难之中，要努力掌握知识与技艺，为国之富强、强盛而读书。明强小学的开创刺激人们从沉睡中觉醒，激起了人们的爱国热情，为救国为强国读书。

淑新女塾相比明强小学，在办学宗旨上，有较大差异。明强者，培养爱国之士，习富国强国之艺；淑新者，意在培养淑性知礼的女子，成为贤妻良母。淑新女塾的开设是男女受教育权利平等的标志，无论男性还是女性，均有了接受教育的机会。但是对于男性和女性的培养目标和教学内容是不同的，对于女子的培养目标仍以夫以子以家为主。

（2）救国内涵之异同

基础教育改革紧跟时代发展的步伐，彰显时代精神。在清末民初政治动荡的时期，西学东渐，救亡图存是时代主题。明强小学的校训"读书不忘救国，救国不忘读书"直接表明了学校对入学男子"教育救国"的期望，明时代精神，强自身技艺文化，最终实现救国强国的目标。

"女子与男子，各居国民之半部分，是教育当普及，吾未闻有偏枯之教育而国不受其病者也。"①兴女学，是广育人才的重要举措，将女学纳入教育制

---

① 舒新城.近代中国教育思想史[M].福州：福建教育出版社，2007：289.

度,培养国民意识,加强女子对于国家种族的认同感和责任感,通过自立自养成为国家的生利之人。但在清末民初这一时期,社会对女子的期待仍是贤妻良母。淑新女塾在传统家国观念的指引下,认识到女性的身体及学识对种族后代培养起着重要作用,并通过其对家庭的影响来达到强国强种的目的。

  无论是明强小学,还是淑新女塾,两所学校的创建教学宗旨存在差异,但在本质上殊途同归,都是以教育救国为根本目的的实践。

  女学课程作为课程体系中不可或缺的一部分,在近代历史变迁中留下了独特的嬗变轨迹。"兴女学"思潮由近代教育救国思想与妇女解放思想相互碰撞产生,如今看来在这样的历史时期,社会于女学的观点、对女性的期望仍有局限性,但"兴女学"对于女子教育的发展与传播存在着不可忽视的作用。朱泾地区相对优越的地理位置、经世致用的社会风气及开放的文化氛围,孕育出淑新女学符合时代特征、兼具革新意识的课程体系。

第二章 "淑新"课程的初创与嬗变阶段(1905—1949)

一、"淑新"课程的发轫与"革创"(1905—1917)

自1905年上海市金山区第一实验小学(简称实验一小)淑新女塾创建至1917年,中间经历了1911年清王朝覆灭,这段时期虽只有十几年,但中国小学学制以及课程变更有四五次之多。遵从着全国的学制及课程变更,本阶段可以称为实验一小"淑新"课程的发轫期与"革创期"。

(一)"淑新"课程标准的发轫与变革

1. "淑新"课程标准的发轫

学校课程是实现教育目标的工具。本阶段开始,淑新女塾乃至全国并没有明确的课程标准,只有在教育法规以及公牍中,可以看到附带提及的有关教育宗旨的说明和建议。正式颁布教育宗旨即课程标准,是在1905年国家成立学部以后的事。当时的立学宗旨分二类五条。第一类为"中国政教之所固有,而亟宜发明以距异说者",有"忠君""尊孔"两条;第二类为"中国民质之所最缺,而亟宜箴砭以图振起者",有"尚公""尚武""尚实"三条。[①]

1902年至1911年的小学教育目标在《钦定学堂章程》和《奏定学堂章程》中都有规定。在《钦定学堂章程》中将初等教育分为三级,如下表所示:

[①] 陆玉芹.辛亥革命前后十年的近代教育[J].盐城师范学院学报(人文社会科学版),2011,000(004):24-29.

表 2-1 《钦定学堂章程》将初等教育划分为三级

学校等级	入学年龄	修业年限
蒙养学堂	5足岁	修业4年
寻常小学堂	9足岁	修业3年
高等小学堂	12足岁	修业3年

这里要说明的是,蒙养学堂就其课程而言,其实应该属于小学阶段的范畴,而不是我们今天所说的学前教育。本章程中规定的教育目标是以教授道德、知识以及一切有益身心之事为宗旨。①

《奏定学堂章程》也将初等教育分为三个等级,但入学年龄和修业年限有变化,如下表所示:

表 2-2 《奏定学堂章程》所划分的初等教育三个等级

学校等级	入学年龄	修业年限
蒙养院	6足岁前	学前教育
初等小学堂	6足岁	修业5年
高等小学堂	初小毕业	修业4年

1905年学部成立以后,又增订了《女子小学章程》,除去学前教育,初小、高小各修业四年,教育目标如下:

(1) 初等小学堂以启发学生人生应有之知识,立其明人伦、爱国家之根基,并调护儿童身体令其发育为宗旨。②

(2) 高等小学堂以培养国民之善性,扩充国民之知识,强壮国民之气体为宗旨。

(3) 女子小学堂以养成女子之德操,与必须之知识、技能,并留意身体发育为宗旨。③

由上述两个章程的课程标准可以看出,当时的教育目标更加关注学生

---

① 刘海燕,孙杰.近代我国小学课程的历史变迁研究[J].课程教学研究,2018,000(003):46-51.
② 刘海燕,孙杰.近代我国小学课程的历史变迁研究[J].课程教学研究,2018,000(003):46-51.
③ 李春雨.民国初期女子教育研究[D].东北师范大学.

的实用知识、身体发育、秉性发展以及国民教育。淑新女塾以"淑性知礼,化为良善"为意图,以养成女子德操为重点,兼习必备知识,关注身体发育。

2."淑新"课程标准的变革

(1) 小学教育宗旨的变革

1911 年辛亥革命成功,中华民国成立。辛亥革命推翻了清王朝的统治,我国历史进入民国时期。此前的"忠君""尊孔"课程标准自然不能沿用。教育宗旨发生了变化,学校的教育目标也要随之改变。

中华民国成立后,著名的民主革命家、教育家蔡元培先生担任了中华民国政府的第一任教育总长,他率先进行教育改革,提出了五育并举、和谐发展的教育方针,废除了"忠君、尊孔、尚公、尚武、尚实"的教育宗旨。1912 年 9 月所订的教育宗旨,原文如下:"注重道德教育,以实利教育、军国民教育辅之,更以美感教育完成其道德。"本阶段首次提出了"美感教育"与实验一小今日所倡导的美育实践是有深刻历史渊源的。

1915 年,由于政治的原因,袁世凯准备称帝,又重新颁布了一次教育宗旨,原文如下:"爱国、尚武、崇实、法孔孟、重自治、戒贪争、戒躁进。"这个宗旨的颁布虽然随着袁世凯称帝运动的失败而被取消,却使 1912 年所颁布的宗旨一度失效,其实质是民治主义思想与军国民思想的不相容。

(2) 小学教育目标的变革

本阶段的小学教育目标,在 1912 年公布的《小学校令》有规定,虽然袁世凯时代公布的《国民学校令》与《高等小学校令》又有一次变更,但与前面的规定只有文字上的出入,实质上并无不同。综合如下:

① 施行国家根本教育,以注意儿童身心发育,以施适当之陶冶,并授以国民道德之基础,及国民生活所需之普通知识技能①为目标。

② 女子小学堂以养成女子之德操,与必须之知识、技能,并留意身体发育为宗旨。②

(二)"淑新"课程内容的演变及特色

1. 发轫期的"淑新"课程内容

本阶段实验一小课程,遵循全国课程的设置,经过一度的增订、三度的

---

① 李汉潮.民国小学语文教科书儿童本位探析[J].语文建设,2015,000(010):56-59.
② 李占萍.清末学校教育政策研究[D].河北大学.

修正，先是《奏定学堂章程》对于《钦定学堂章程》的修订，《女子小学堂章程》公布后，增订了女子小学课程。学部后来对小学课程又有两次修改。现将各章程所订小学课程及每周时数进行分析，《钦定学堂章程》由于历史原因未曾实施，暂不列出。

表 2-3 《奏定学堂章程》(1904)所规定小学课程

科目\时数\年级\校别	初等小学堂					高等小学堂			
	一	二	三	四	五	一	二	三	四
修　身	2	2	2	2	2	2	2	2	2
读经讲经	12	12	12	12	12	12	12	12	12
中国文学	4	4	4	4	4	8	8	8	8
算　数	6	6	6	6	6	3	3	3	3
历　史	1	1	1	1	1	2	2	2	2
地　理	1	1	1	1	1	2	2	2	2
格　致	1	1	1	1	1	2	2	2	2
图　画						2	2	2	2
体　操	3	3	3	3	3	3	3	3	3
每周时数总计	30	30	30	30	30	36	36	36	36

由上表可以看出，本时期读经讲经每周所占课时为 12 时，占整周课时的 40%。其次是算数，初等小学阶段占整周课时的 20%，然而到了高等小学阶段却有所下降。再次是中国文学、体操以及修身。

表 2-4 《女子小学章程》(1907)所规定的女子小学课程

科目\时数\年级\校别	初等小学堂				高等小学堂			
	一	二	三	四	一	二	三	四
修　身	2	2	2	2	2	2	2	2
国　文	12	12	14	14	9	9	9	9
算　术	6	6	6	6	4	4	4	4

(续表)

科目\年级\校别	初等小学堂 一	二	三	四	高等小学堂 一	二	三	四
中国历史					2	2	1	1
地理					2	2	2	2
格致					2	2	2	2
图画					3	3	3	3
女工			2	2	5	5	6	6
体操	3	3	3	3	3	3	3	3
每周时数总计	24	24	28	28	30	30	30	30

根据上表显示，在女子小学章程中初等小学取消了历史、地理、格致、图画等科目，增加了女红一科，到了高等小学，女红的课时所占比重更大。由此可见，当时虽然女性解放的思潮已经出现，但是对女性的角色定位依然是贤妻良母，初等小学、高等小学的每周学时也有所减少，每个年级均减少了2—6小时不等。

值得一提的是1909年学部《改定初等小学章程》，将初等小学堂分为完全科与简易科，在毕业年限上也有所调整。如下表所示：

表2-5 学部《改定初等小学章程》(1909)所规定初等小学课程

科目\年级\校别	完全科 一	二	三	四	五	四年简易科 一	二	三	四	三年简易科 一	二	三
修身	2	2	2	2	2	3	4	4	12	3	4	4
读经讲经			12	12	12							
中国文学	18	24	12	12	12	18	22	22	14	18	22	22
算数	6	6	6	6	6	6	6	6	6	6	6	6
体操	4	4	4	4	4	3	4	4	4	3	4	4
每周时数总计	30	36	36	36	36	30	36	36	36	30	36	36

本次章程的颁布体现了明显的实用主义倾向,历史、地理、格致三科被编入文学读本进行教学。中国文学课时数量占了明显大的比重,修身课程在四年制简易科的四年级达到了 12 时。尤其值得注意的是,在中国封建社会尤为重要的读经讲经一科,在四年制、三年制简易科的课程中均被取消,社会改革的趋势在教育教学中体现尤为明显。

1911 年学部再一次将初等小学堂并为一类,四年毕业,被称为《改订两等小学堂章程》,课程变更如下表:

表 2-6　学部《改订两等小学堂章程》(1911)所规定小学课程

时数 科目 \ 校别 年级	初等小学堂				高等小学堂			
	一	二	三	四	一	二	三	四
修　身	2	2	2	2	2	2	2	2
读经讲经			5	5	11	11	11	10
国　文	14	14	15	15	8	8	8	8
算　数	4	4	5	5	4	4	4	5
历　史					2	2	2	2
地　理					2	2	2	2
格　致					2	2	2	2
图　画					2	2	2	2
体　操	4	4	3	3	3	3	3	2
每周时数总计	24	24	30	30	36	36	36	35

通过对比,发现本次改定的教育章程与 1904 年的《奏定学堂章程》从科目设置上基本一致,甚至在随意科设置上也把手工、农业、商业设置为随意科。

2. 发轫期的"淑新"课程特色

纵观本阶段的课程设置,围绕课程宗旨与教育目标,依然离不开"忠君、尊孔"的教育思想,在知识、礼教养成方面也体现得较为明显。

(1)注重实行直接的道德教学

本阶段的小学课程,无论如何变革,列在第一位的都是"修身"这一科目,并且在各个阶段的教育时间都能得到有效保障。

(2) 注重读经讲经

在这一阶段的小学课程中,除了女子小学以外,都有"读经讲经"一科,而且分量很重。在《学务纲要》中更是格外强调读经讲经的重要性、必要性以及可能性。在初等小学,《孝经》《礼记节本》等被设置为必读经书;而《诗经》《易经》及《仪礼》的《丧服经传》则在高等小学为必读书目。其间内容虽有所改进,读经讲经的课时依然能够保障,以确保儒家教义的施行。

(3) 坚持"中学为体"

在各章程所设定的课程中都规定在小学课程中要读古文辞,以方便阅读古代经籍。在中国文学以及国文等科目中,考察其教学内容依然是古文辞类,甚至在《学务纲要》中规定:小学堂勿庸兼习洋文,戒袭用外国无谓名词,力图国学国粹之保存。

(4) 学习官话官音

《学务纲要》中规定:各学堂皆学官话,应采用《圣谕广训直解》一书为标准,希望统一全国语言,易于感情融洽。这与今天所倡导的"学说普通话"如出一辙。

(5) 注重体操训练

通过各章程所列课程不难发现,体操一科都非常受重视,属于必修课程,这与当时的社会背景是分不开的。当时提倡尚武精神,欲摆脱"东亚病夫"的蔑称,提高国人的身体素质,教学内容是以练习兵士体操为主。

从课程设置来看,在发轫期,淑新女塾的课程设置中"读经讲经"比重较大,其次为国文、算数,再次是体操以及修身。实验一小以传统国学为重点开展教学,培养淑性良善之女子,此为"淑";兼顾算数、体操、历史、地理、格致等学科,初步接触科学知识,切实做到"启发知识,保存礼教,两不相妨",此谓"新"。由此可见,"淑新"的文化内涵渗透在课程之中。

3. "革创期"的"淑新"课程内容

(1) "革创期"的课程内容

1911年《江苏教育行政月报》第5期,登载了《小学校教则及课程表》(元年十二月二十二日教育部咨行),内容如下:

教则:

第一条:小学校应遵小学校令第一条之宗旨教育儿童。凡与国民道德相关事项无论何种科目均应注意指示。知识技能宜择生活上所必需者教授之，务令反复熟悉应用自如。儿童身体宜期其发达健全，凡所教授必适合儿童身心发达之程度。对于男女诸生应注意其特性及将来生活施以适当之教育。各科目教授之目的、方法务使并宜互相联络，以资补助。

第二条：修身要旨在涵养儿童之德性，导以实践。初等小学校宜就孝悌、亲爱、信实、义勇、恭敬、勤俭、清洁诸德择其切近易行者授之，渐及于对社会、对国家之责任，以激发进取之志气，养成爱华爱国之精神。高等小学校宜就两项扩充之。对于女生尤须注意于真淑之德，并使知自立之道。教授修身宜以嘉言懿行及言辞等指导儿童，使知诫勉兼演习礼仪，又宜授以民国法制大意俾其由国家观念。

第三条：国文要旨在使儿童学习普通语言文字，养成发表思想之能力兼以启发其智德。初等小学校首宜正其发音，使知简单文字之读法、书法、作法，渐授以日用文章并使练习语言。

高初小学校首宜依前项教授渐及普通文之读法、书法、作法，并使练习语言。读本文章宜取平易切用可为模范者，其材料就修身、历史、地理、理科及其他生活必需事项，择其富有趣味者用之。

女子所用读本宜加入家事要项。国文作法宜就读本及他科目已授事项或儿童日常闻见与处世所必须者，令记述之。其行文务求简易明了。书法所用字体为楷书及行书。教授国文务求意义明了，并默使写短句、短文或就成句改作俾读法、书法、作法、诸法联络一致以资熟悉。凡语言文字在教授他科目时，亦宜注意练习，遇书写文字务使端正，不宜潦草。

第四条：算术要旨在使儿童熟悉日常之计算，增长生活必需之知识兼使思虑精确。初等小学校首宜授十数以内数法、数法及加减乘除渐及于百数以内更进至通常之加减乘除并授小数之读法、书法及其简易之加减乘除兼授本国度量衡、币制之要略。

高等小学校首宜就前项扩充之渐进授以整数、小数诸等数、分数百分算比例，并得酌授日用簿记之要略。算术宜用笔算兼及珠算。教授算术务令解释精审，运算纯熟又宜说明运算之方法、理由，在初等小学校尤宜令熟悉心算。算术问题宜择他科目已授事项或参酌地方情形切于实用者用之。

第五条：本国历史要旨在使儿童知国体之大要，兼养成国民之志操。本国历史宜略授黄帝开国之功绩，历代伟人之言行，亚东文化之渊源，民国之建设与近百年来中外之关系。教授本国历史宜用图画标本、地图等物使儿童想见当时之实况，尤宜与修身所授事项联络。

第六条：地理要旨在使儿童略知地球表面及人类生活之状态，本国国势之大要，以养成爱国之精神。地理首宜授本国之地势、气候区、都会、物产、交通以及地球之形状、运动等。进授各洲地志之梗概并重要各国之都会、物产等，兼授本国政治、经济上之状态及对于外国所处之地位。教授地理务须实地观察，以地图标本、影片、地球仪等物，使具有确实之知识，尤宜与历史理科所授事项联络，并使儿童填注暗射地图及习总地图。

第七条：理科要旨在使儿童略知天然物及自然现象，领悟其中相互关系及对于人生之关系，兼使练习观察养成爱自然之心。理科宜授习见之植物、动物、矿物及自然现象，使知重要之名称、形状、效用、发育及其相互关系与对于人生之关系，进授物理、化学上之重要现象元素与化合物之性质，简易器械之构造、作用，人身生理卫生之大要。理科务授以适切于农工水产家计等事项，在教授动植物时尤宜使知该物制造品之制法及其效用，教授理科，务需实地观察，或示以标准模型、图画等，并施简易实验。

第八条：手工要旨在使儿童制作简易物品，养成勤劳之习惯。初等小学校宜授纸、豆、纽、结、黏土、麦秆等简易细工。高等小学校宜依前项教授渐进授以竹木金属等细工。教授手工宜说明材料之品类性质及工具之用法，其材料取适用于本地者。

第九条：图画要旨在使儿童观察物体，具摹写之技能，兼以养其美感。初等小学校首宜授以单形渐及简单形体，并使临摹实物或范本。高等小学校首宜依前项教授渐及诸钟形体，并得酌授简易几何画。教授图画宜就他科目已授之物体及儿童所常见者令摹写之。并养成其清洁缜密之习惯。

第十条：唱歌要旨在使儿童唱平易歌曲以涵养美感、陶冶性情。初等小学校宜授平易之单音唱歌。高等小学校首宜依前项教授渐增其程度，并得酌授简易之复音唱歌。歌词乐谱宜平易雅正，使儿童心情活泼优美。

第十一条：农业要旨在使儿童知农事之大要，养成勤勉利用之习惯。视地方情形授以农事或水产或二者并授。农事宜就土壤、水利、肥料、农具、耕耘、栽培及蚕桑、畜牧等择与本土相宜而为儿童所易解者授之。水产宜就渔捞养殖制造等择与本土相宜者授之。教授农业须与地理理科所授事项联络，并就本土农业实地指示，使其知识确实。

第十二条：缝纫要旨在使儿童熟悉通常衣服之缝法、裁法兼养成节俭利用之习惯。初等小学校首宜授运缄法机，授简易之缝法补缀法。高等小学校首宜依前项教授机渐及通常衣服之缝法、裁法、补缀法，视地方情形得兼授西式裁法、缝法及洗洁法。缝纫材料宜取常用之物在教授时宜说明工具之用法材料之品质及衣服之保存法、洗洁法。

第十三条：体操要旨在使儿童身体各部平均发育强健体质、活泼精神，兼养成守规律尚协同之习惯。初等小学校首宜适宜之游戏，渐加普通体操。高等小学校宜授普通体操仍时令游戏，男生加授兵式体操。视地方情形得在体操教授时间或时间以外授适宜之户外运动或游泳。

第十四条：商业要旨在使儿童知商事之大要，养成勤勉信实之习惯。商业宜就贸易金融运输保险及其他商业要项，择与本土有关系为儿童所易解者授之。教授商业须与国文算术、地理理科所授事项联络兼授简易之商用簿记。

第十五条：英语要旨在使儿童略解浅易之语言文字以供处世之用。英语首宜授发音及单词、短句进授浅近文章之读法、书法、作法、语法。英语读本宜取纯正而有趣味者，其程度宜与儿童知识相称。教授英语宜以实用为主并注意于发音以正确之国文译解之。

第十六条：教授各科时常宜指示本国固有之特色，启发儿童之爱国心、自觉心，并引起其审美观念。

第十七条：初等小学校各学年教授程度及每周教授时数依第一表。缺手工、图画、唱歌、缝纫之一科目或数科目者，其每周教授时数可分加于他科目并可减少总计时数一小时或二小时。

前项分加于他科目时数在国文、算术每周以一小时为限。

第十八条：高等小学校各学年教授程度及每周教授时数依第二表。

（加授商业者可减去农业一科；加授英语或别种外国语者每周得减少他科目三小时为其教授时数；缺手工、唱歌、农业之一科目或数科目者每周教授时数可分加于他科目并可减少总计时数一小时或二小时；前项分加于他科目时数在国文、算术、英语每科每周以二小时为限。）

表 2-7　课程表第一表

国　　文	修　身	教科目＼学年
一〇	二	每周教授时数
（发音）简单文字之读法、书法及日用文章之读法、书法、作法、语法	道德之要旨	第一学年
一二	二	每周教授时数
简单文字之读法、书法及日用文章之读法、书法、作法、语法	道德之要旨	第二学年
一四	二	每周教授时数
简单文字及日用文章之读法、书法、作法、语法	道德之要旨	第三学年
一四	二	每周教授时数
简单文字及日用文章之读法、书法、作法、语法	道德之要旨	第四学年

表 2-8　课程表第二表

教科目＼学年	总　计	缝　纫	体　操	唱　歌	图　画	手　工	算　术
每周教授时数	二二		四		一		五
第一学年			游戏	平易之单音唱歌		简易细工	廿数以内之数法、书法及加减乘除
	二六		四	一	一		六

（续表）

学年＼教科目	总计	缝纫	体操	唱歌	图画	手工	算术
每周教授时数			游戏 普通体操	平易之单音唱歌	单形 简单形体	简易细工	百数以内之数法、书法及加减乘除
第二学年	女二九 男二八	一	三	一	一	一	六
		运缄法 通常衣服之缝法	游戏 普通体操	平易之单音唱歌	单形 简单形体	简易细工	通常之加减乘除
每周教授时数	女二九 男二八	二	三	一	女一 男二	一	五
第三学年		通常衣服之缝法、补缀法	游戏 普通体操	平易之单音唱歌	简单形体	简单细工	通常之加减乘除，小数之读法、书法及其简易之加减乘除等（珠算加减）

唱歌	图画	手工	理科	地理	本国历史	算术	国文	修身
二	女一 男二	女一 男二	二	三		四	一○	二
单音唱歌	简单形体	简易手工	植物、动物、矿物及自然现象	本国地理之要略	本国历史之要略	整数、小数诸等数（珠算加减）	日用文字及普通之读法、书法、作法	道德之要旨
二	女一 男二	女一 男二	二	三		四	八	二

(续表)

唱歌	图画	手工	理科	地理	本国历史	算术	国文	修身
单音唱歌	简单形体	简易手工	植物、动物、矿物及自然现象	本国地理之要略	本国历史之要略	分数、百分、珠算加减乘除	日用文字及普通之读法、书法、作法	道德之要旨,民国法制大意
二	女一男二	女一男二	二	三		四	八	二
单音唱歌	诸种形体	简易手工	物理化学上之现象与元素化合物,简易器械之构造、作用,人身生理卫生之大要	本国地理之要略	本国历史之补习	分数、百分比例(珠算加减乘除)	日用文字及普通之读法、书法、作法	道德之要旨,民国法制大意

总计	英语	缝纫	农业	体操
三		二		三
		通常衣服之缝法、补缀法		普通体操 游戏 男兵士体操
女三二 男三〇		四	二	三
		通常衣服之缝法、裁法、补缀法	农事、农事之大要;水产、水产之大要	普通体操 游戏 男兵士体操
女一二 男一〇	三	四	二	三
	读法、书法、作法、语法。	通常衣服之缝法、裁法、补缀法	农事、农事之大要;水产、水产之大要	普通体操 游戏 男兵士体操

本时期,实验一小隶属江苏省,工作上遵循江苏省教育学会的规章。通过研究本时期的《小学校教则及课程表》发现,各学科的教学要旨均以"实用"为宗旨,培养国民之志操。尤其值得注意的是"美育"思想开始渗透于各个学科,其中第十六条中规定,"教授各科时常宜指示本国固有之特色,启发儿童之爱国心、自觉心,并引起其审美观念。"而在图画、唱歌学科中则分别明确规定"图画要旨在使儿童观察物体,具摹写之技能,兼以养其美感","唱歌要旨在使儿童唱平易歌曲以涵养美感、陶冶性情。"由此可见,当时实验一小的美育思想已开始发端。

4. "革创期"的"淑新"课程特色

这段时期形势动荡,但是小学课程的变动却不大。虽然因袭的成分大于革新的成分,但还是有一些重要改革的。

(1) "五育并举"的民主主义课程观

中华民国建立以后,蔡元培作为第一任教育总长,提出了"五育并举"的教育方针,具体内容为:

① 倡导以军国民教育为急务

一方面是由于当时中国所面临的国际、国内形势,需要举国皆兵之制,另一方面,也是养成健全人格所必需,体育是实施其他四育的基础。

② 以实利主义教育为急务

实利主义教育(智育),即是"以人民生计为普通教育之中坚",既包括各种普通文化科学知识的学习,如历史、地理、算学、化学、手工、博物等,也应进行职业技能的培训,使教育与国民经济生活的关系更加密切,发挥教育在提高国民经济水平和改善人民生活方面的作用。

③ 以道德教育为中心

公民道德教育(德育),是养成健全人格之根本。要避免私斗、侵略、智欺愚、强凌弱、贫富悬绝、资本家与劳动家血战之惨剧,必须"教之以公民道德"。①

④ 以世界观教育为终极目的

蔡元培独创了世界观教育,他在哲学上受康德二元论的影响,认为世界可以分割成现象世界和实体世界两部分。

---

① 曾成栋.论蔡元培之"五育"教育观[D].

⑤ 以美育为桥梁

美感教育即美育,蔡元培堪称中国近代教育史上首倡美育的第一人。他受康德美学思想的影响,认为"美感者,合美丽与尊严而言之,介乎现象世界与实体世界之间,而津为桥梁"①。蔡元培先生的美育思想与我校现今的办学宗旨相契合。

(2) 废止读经讲经

1912年1月19日教育部发布的《普通教育暂行办法令》规定:小学读经科一律废止。因为读经一科是封建时代帝王所重视的教育工具,民国元年将它废止,具有划时代的意义。

(3) 必修科目有所变动

值得一提的是,在本阶段博物、理化、手工、裁缝、农业、家事等实用性课程不再像前一个阶段一样被列为随意课,而是作为高等小学堂的必修科目列在课程标准之内。1912年9月发布的《小学校令》开始规定高等小学男生的必修科目是农业、工业或商业中的一种,而女生则必修缝纫或家事。这与当时的教育宗旨"实利教育"密切相关,小学教育目标也有"授以生活必须之技能"等规定。可见劳动教育在本阶段教育教学中逐渐被重视起来。

与此同时"唱歌"一科也不再被列为随意科,而是作为必修课存在。作为艺术课程的代表,音乐也逐渐受到了重视。

本阶段的小学课程轮廓,大致因袭前期,其间也经历了三次演变:第一次是民国元年(1912)1月《普通教育暂行课程标准》的规定,第二次是民国元年(1912)9月《小学校令》的规定,第三次是民国四年(1915)7月《国民学校令》《高等小学校令》及同年11月《预备学校令》的规定。

(三)"淑新"课程教学方式的沿革

清末民初,是我国学校教育快速从旧式学堂向西方近代学校教育转变时期,课堂教学也开始了传统私塾教学转变为班级授课,再模仿西方建立教学体制的历程。这段时期的课堂教学方式和教师教学组织形式都处在变革时期,其中既有中国传统的私塾教学方法,也有从西方引进的教学方法。课堂教学方式呈现出新旧共存的特点。

---

① 毛长娟."以美育代宗教"说——蔡元培的美育思想浅析[J].前沿,2006,000(003):61-63.

1. 五段教学法的引进与改良

我国的传统教学方式以个别教学为主。1901年,赫尔巴特的"五段形式教学阶段"传入我国。波多野之助在《教育学》讲义中介绍了赫尔巴特的阶段教授法,"教授固不外分解总和二方法,而其阶段必依儿童发达之序以顺授之,由浅及深,由近及远,勿稍凌乱,斯谓之真正教授。"其分段如下:

(1) 教授材料之分节;
(2) 教授事项之预告(包括目的、期望等);
(3) 受领,又分预备和提示;
(4) 理会,又分比较和概括;
(5) 应用。

一直到1908年以前,五段教学法仍旧停留在模仿和移植阶段,对中国的教学并未产生深刻影响,多数课堂仍然以灌输式为主。1909年,江苏教育总会委托俞子夷与杨保恒、周维城、胡宝书一起,到日本考察"单级教授法"("复式教学法"的一种),就是把小学四个年级的学生编成一个学级(班级)而施行的教学。其特点为同一位教师为不同年级的学生同时在一个班级内上课。

辛亥革命以后,在俞子夷等教育学者的不断努力下,江苏教育界根据中国的实际对五段教学法和单级教授法进行探索和改造。其特点是"动静搭配、教学交替",困难之处由老师讲授,称为"直接教授";"平易之处"让学生自学、练习,称"间接教授"。[①] 当时一些教师也会根据学科的不同特点,对五段教授法进行改良,在教案中发现有教师会把国文教学简化为四段,也有把算数教学简化为三段。

五段教学法经过改良在江苏甚至全国迅速推广并经久不衰,成为我国教学中的重要元素。以五段法为基础的教学过程,尽管后来吸收了一些新花样,但其基调始终保持不变。经过不断增补,已经和当初从西方引进来的面貌不同,称为我国独特的课堂教学方式传统。五段教学法的传播和广泛使用,很好地解决了个别教学向集体教学转变后,如何向学生传授知识的问题,为江苏教学的发展奠定了基础。[②] 当时实验一小隶属于江苏省松江府,

---

① 江苏省地方志编纂委员会.江苏省志.教育志(上册)[M].南京:江苏古籍出版社,2000:201.
② 张猛猛.民国时期江苏中小学教学工作发展概述[J].江苏教育(教育管理版),2014,000(008):36-40.

跟随江苏教育教学方式改革的步伐,是实验一小教学方式向近代化转变的重要阶段。

2. 自学辅导法的应用

随着教育界对五段教学法的传播与改造,这种教学法本身固有的缺陷也日益显现,比如过于强调整齐划一,学生的个性需要被忽视;教师在给一部分学生上课时,另一部分学生会放任自流等等。1913年,俞子夷等人又赴欧美考察教育,开始在我国单级复式教学中运用自学辅导的方法。1915年,江苏省立第一师范附小已经开始在国文读法教学中采取"自学辅导主义"。"自学辅导主义"教学法主要包括"指定作业、指导学生自学的方法、检查、总结"。[①]

"自学辅导法"的主要特点是发展儿童的积极性与自主性。由此可见,这个阶段的教学探索已经不再仅仅局限于知识的本位,而是开始关注儿童。在学习的过程中,教师不能包揽一切,而是在学生自主学习时遇到难点予以必要的辅导,目的是让学生学会自己学习。这种教学法与之前的教学方法相比,最大的特点是给予了学生更大的自主性,同时也没有否定教师的作用,教师还是处在教学的中心位置,教师作为规划者对于教学的安排和指导负主要责任。

不得不承认,这种教学方式放到今天来看依然有其前瞻性。它改变了以往的注入式教学方式,把目光转向学习的主体——学生。自学辅导法虽然给了学生较大的自主性,但在实施过程中,依然是以教材、课堂和教师三中心模式为主。

虽然自学辅导法也有其自身的缺点,但是它在教育史上的地位是值得肯定的,它标志着江苏乃至全国首次将教育的目光转向学生,而不仅仅局限在教师、教材和教学设备上,而是将目光转向教育真正的主体——学生。

3. 设计教学法的实验

1915年,新文化运动的开展促进了中国教育界新思想、新教育的发展。五四运动以后,江苏地区的教育家着手进行改良中国的教育尝试。杜威、麦柯尔等国外教育家的中国行,都将南京作为第一站。受此影响,各种教育实

---

① 张猛猛.民国时期江苏中小学教学工作发展概述[J].江苏教育(教育管理版),2014,000(008):36-40.

验在江苏地区先后开展起来。

1917年以后,美国的"设计教学法"输入到中国。设计教学法以实用主义教育思想为理论基础,是把一种科目作为中心,其他科目都联络上去,围绕中心联络教材。1918年南高师附小依据杜威"从做中学"的教育理论,将全校6个年级分成三组:一、二年级为低级部,三、四年级是中级部,五、六年级是高级部。中低部采用大单元设计的方法,学生在单元活动中获得有关的知识和解决问题的能力;高级部采用分科设计法,依据儿童对于各科掌握的情况分为4组,进行教学活动,学生的成绩提高后可以随时换组,以此来提高其学习的积极性。

设计教学法这一新的教学方法在江苏迅速传播开来,俞子夷、沈百英等教育家或在教师暑期培训会上进行推介,或进行实验,甚至当时的教育刊物也纷纷进行了广泛宣传。沈百英在《设计教学讲演集》中将设计教学法大致分为四种,即:混合、分系、分科、共定。① 从中我们可以看出当时江苏教育界对于西方教学方法改造的力度。

设计教学法是将教学与实际生活问题相结合,打破科目的界限,分成若干学习单元,按照确定目的、计划、实行、批评4种步骤去学习。设计教学法的实施极大地激发了学生的学习兴趣。这种教学方式从今天看来仍有其先进性,从我们今天所倡导的"项目化学习"也能看到设计教学法的影子。然而在实验的过程中,设计教学法的缺点和不足也逐渐显现。俞子夷也曾经反思:通过几年实验,"学生成绩比一般高些。但我们花的力气着实不小。倘若用传统方式,注重研究儿童心理及教材、教法等,收效亦可如此,或且过之,是以严格言,成绩比一般高,不是从设计法得来,反而是改得'不彻底'的结果。"②

4. 教授案的编制和使用

教案就是"教师在备课过程中以课时和课题为单位设计的教学方案"③,撰写教案有助于教师安排教学时间,思考教学方法,组织教学步骤,

---

① 张猛猛.民国时期江苏中小学教学工作发展概述[J].江苏教育(教育管理版),2014,000(008):36-40.
② 董远骞,施毓英.俞子夷教育论著选[C].北京:人民教育出版社,1991:490.
③ 顾明远.教育大辞典(第三卷)[M].上海:上海教育出版社,1990:214.

评价学生学习效果。① 清末民初是我国教育使用教案的起点,因此研究本阶段的教案撰写情况,也可以了解当时的课堂教学方式。

(1) 清末民初教授案编制实例分析

在搜集资料的过程中,从1909年《教育杂志》第八期找到"第二期悬赏应征教授案——初等小学二年级修身科"位列一、二、三等的五位教员所撰写的教案,现选取一、二、三等教案各一篇,将繁体字原文翻译如下:

一等:如皋马塘沙邨小学教员　　黄彦昌

教材: 不拾遗(商务印书馆简明修身教科书第四册)

教具: 绘图

预备: (五分)

(教)实验一小有遗失品安置处诸生已知其意试说明之。

(生)他人遗失之物未知主名,有拾得者必告之师而置于其处。

(教)何以不自取之?

(生)闻师说过他人之物非己所有,虽一钱亦不可取。

(教)诸生当知此遗物,虽一时不知主名,必为校中人或同学者所失,久久自有认之者,故置于一处以待之耳,毋苟得。在校内如是,在校外亦当如是也。

目的指示: 今日为诸生讲——不拾遗之事实(书"不拾遗"三字于黑板),令诸生读之。

提示: (三十分)

(教)揭图于堂指示之曰:此童子不拾遗之人也,即王华,不特不拾遗且为遗物者任保护之责,尽指点之劳,诚可谓不苟取也。试为诸生详言之。(书王华二字)

所谓王华者,即此童子之姓名,明时浙江人。(知浙江乎?不知者教之)所拾为何?则极贵重之金也。

王华六岁时行于河畔,见地上有囊,囊中藏金。华知为人所遗也,己不取亦不告人,以其金投诸水,不即归。

问诸生知华之不取遗金其意若何?

(生)亦非己有之则不取之意。

---

① 杨来恩,黄山.清末民初中小学教授案的兴起及其价值[J].基础教育,2017(1).

（问）投之水中何为乎？

（生）欲取之则非己有，欲不取恐被他人持去，故投之水中。

（以上二问皆班决）

诸生知否天下无论何物俱有人我之界，人不能无故而取我之所有，故我亦不能无故而取人之所有也。途中之物虽与无主之物同，然自爱者亦不取。华殆深明此理，忽独是此金既遗于地，我即不取，失者未必知之。我拾之而以问人，又恐非真失金者。投之水中，一时之权宜也。

（问）华以金投水后，竟去之乎？

（生）必坐待失者。

（问）坐待何意？

（生）将为之指点。

（以上二问皆班决）

诸生所答甚有理，尽不拾遗固为正理，然不顾而去之，他人必拾去。取而询诸人，他人亦不免冒认皆不利于失者也。投之水而待失金者来寻，不负此金矣。未几，失者果仓皇而至，华审知确是失主，乃指而还之。本不苟取之心以行事，何其廉介，又何其周密也。

（以上第一段）

接书原文于王华之下，指数生逐句令读之，不能者教之。

（教）能解之否？指数生令讲之，不能者代讲之，误者正之。俟讲毕为诸生复讲之。（令取书读）

（以上第二段）

应用：（十分）

（教）金本贵重之物，华竟不取，在他人将如何？

（生）必喜而取之。

（教）华年甚幼，殆不知为贵重之物乎？

（生）亦知之。

（教）然则何不取？

（生）人己之别甚严，不论贵贱也。

（教）然则华之不苟取可谓难矣。诸生之年，有长于华者，有倍之者，愿学其为人否？

（生）甚愿。

（教）不独当学其廉介也,更有当学者在。

（生）有主意。

（教）颇是,然则诸生在校或在外无主之物可取之否?

（生）不可。

（教）他人之物可不告而取之否?

（生）无主之物且不可,况有主者乎?

（教）由此推之,他人之物一介不可妄取也,明矣? 不得已而必需是物当如何?

（生）借于其主,后必归还之。

（教）然则诸生无论在校在外,须知凡物莫不有主,即使无主而既非己物亦不可取。勿谓微物不关大事,勿谓取之不害他人。时时存一不苟取之心可也? 否则,徒明此义而临事茫然,则诚不若六龄之童子矣。王华人也,我亦人也,诸生勉乎哉!

从这篇一等教案可以发现,这篇来自江苏如皋马塘沙邨小学教员黄彦昌老师的教案的撰写方式与我们今天的教案大不相同。课堂教学形式全是一问一答的方式。整堂课45分钟,分成三段。应该是针对"修身课"的学科特点对五段教学法进行了删减。教员将明代王华不拾遗的故事铺展开来,一步一步引导学生认识到:不是自己的东西不可取的道理。

二等：常州冠英学堂教员　刘宪

教材：不拾遗

教案：用五段法

预备：

问：诸生如拾得同学之遗物则如何?

答：当还之。

问：拾得之物而不知遗失者为谁则归诸何人?

答：归诸先生,俾失主领取。

问：诸生若于道旁偶见一遗物,较石笔、铅笔（或他物）尤为有用,将拾之乎? 抑任其抛弃乎?

答：拾之。

问：拾之而不知遗之者谁,则归诸何人?

答：不知。

教师即展本课图示之曰：图中有两人，同立河畔，一人垂手呆立，失物之人也，一人举手指向河中作对语状，拾得遗物之人也。其物维何？世所宝贵之黄金是也。举手指河者，指河中之金也。相对而语者，语以金在河中也。

目的指示：

图中拾得遗物之人姓王名华，古之闻人也，其不拾遗之故事，我试为尔等述之。（此时即大书"不拾遗"三字于黑板上，读而讲解之。）

提示：

（一）将本课全文大书于黑板上。将本文范读一遍，俾学生便于成诵，即令合读一遍，订正其错误。

（二）将本文顺序演讲。王华于休业之暇，偶行河畔，闲步逍遥甚快意也。忽于地上见一物，其色赤而黄，照耀于日光之下，灿烂夺目，俯而谛视之，则黄金也。因思金之为物世所珍贵，寒可以易衣，饥可以易食，得之者富，失之者贫，得之者喜，失之者悲。人世劳劳，皆为金钱，孰肯弃货于地乎？今在此，必他人所漏遗无疑也。在漏遗者，不知费几许之精力，几许之时日，而得此金，一转瞬间，化为乌有，归而探囊，能无悲乎？诸生试思悲乎否乎？像诸生亦当往来河畔，会见遗金乎？若见遗金亦念及此否？

王华因见金而念及遗金之人，并念及遗金之人之贫与悲，即取金投入水中。诸生得毋怪其鲁莽乎？非也，在王华则目中有金，手中有金，而心中实无此金。其取金也，固非惜金，其投金也，亦非弃金。见金思义，非义弗取，王华之心淡如也。虽然人心不同一如面焉，在他人则或见利争先是非投水灭迹，无以绝行人之觊觎，其用意甚深远也。诸生能领悟否？王华既投金入水，仍在河畔盘桓，俄而其人寻觅而来，彷徨河边。华询知其来意，即举手指向河中，告以投金所在，即取而还之。诸生试设身处地，得近者之愉快为何如乎？反是则失金者之懊闷为何如乎？（提示既终即反复设问令牢固记忆）

（一）今所述之王华在何处见遗金？

（二）王华见遗金则如何？

（三）王华何故投金入水？

（四）王华投金后仍在河边为何？

（五）王华手指何物？

比较：

遗金不可拾，诸生已知之矣，若有银元遗在河畔，见而拾之，以为己有可乎？（如答曰不可则奖之）若有铜元遗在路旁，见而拾之以为己有可乎？（如答曰不可奖之）

总括：

物之非我有者，不论何物，不论何地不论何时，皆不可拾。古人所谓道不拾遗者此之谓也。（此时即大书"道不拾遗"四字于黑板上，令学生谙诵之。）

应用：

诸生早同来，暮同归，各揣书包，带有笔墨纸砚，必互相照料。适或甲生遗物，乙生必当拾而还之。乙生遗物，甲生丙生亦如是。时而带有束脩来校，尤宜各自留心，互相关照，时或车毂肩摩，行人拥挤，见有遗物在地，必当拾而归还失主。若失主不在，则当稍待路侧，俟其寻觅而还之。某生某日遗失一物，至今犹未寻获。吾至今犹未拾得此物者愧耻也，以后诸生能勉为王华则善矣。

这篇二等教案采用五段教学法，依然是"一问一答"的形式，关于教材所阐述的道理，以教师一言堂灌输式为主。课堂互动问答较之一等那篇教案明显较少。另外，从对教材解读来看，教师以自己的解读代替了学生的理解，不利于学生思维的发展。在比较拓展方面也没有能够发散出去，而仅仅是把金子替换成银圆、铜圆，比较有局限性。

三等：四亭第一小学教员　巫谔

教材：不拾遗

教具：本课挂图一幅

教案：用三段法

预备：

教员问："凡物有为人有者，有为己有者，诸生能辨别之否？"答："能辨之。"任取一生之书笔等物，向该生问曰："此为人有乎？抑为己有乎？"答：

"己有。"更问他生曰:"此为人有乎?抑为己有乎?"答:"人有。""前曾讲不苟取之事,诸生犹记得否?"答:"记得。""其词语若何?"令一二生背诵之。问:"吾人日常所用之金钱亦得谓为物乎?"答:"亦谓为物。"问:"有金钱遗于路,诸生见之,应何如?"(任各就己意作答)

目的指示:

今日为诸生讲明王华见遗金于路之事,书"不拾遗"三字于黑板,令一二生读之。

提示:

教员揭图示学生曰:"图中童子,名曰王华。"板书"王华"二字令生读之。随讲曰:"一日王华课余游散,行经河畔,见地上有金钱若干。问地上金钱自何来?"

答:"行路之人所遗。"

问:"行路之人所遗之金钱,果系王华之金钱欤?"

答:"不是。"

问:"既非王华之金钱,华可拾之以归乎?"

答:"不可。"

问:"何故不可?"

答:"他人之物不可妄取。"

然则王华见之,将掉首而不顾耶?诸生其细思之,行路之人,过此见之,果能皆如王华之掉首而不顾者耶?

答:"不能。"

师:行路之人既不能皆如王华,华当筹有善后之策?乃讲曰:"王华知地上金钱为行路者所遗,自固不取之,以归,又恐他人不能皆如自己之见而不取。若守之以待其来取,又恐为他人所冒取,则金钱终不能归还原主。乃取之投诸水中,而待遗金者至图中作惊惶状者即遗金于地之人。华见其来,知为物主,乃指其处而与之。"

师:世间之物无论大小莫不有主,非其主则不可取之。即使物无其主,既非己物,亦不可取也。王华见路有遗金不自取之以归,乃投诸水中,待其人至,指而还之。其不贪得之心甚可嘉也,但诸生习此课须明白王华投金水中,非投水中流乃投于水滨,何也?金钱甚小,投之深渊,使人取之甚难且险,金钱终不能还原主,于事何补?吾知王华决不若是之愚,而出此下策。

果然是,抛弃他人之物又贵乎王华之不拾遗。

应用:

  路上遗物亦有主否?

  路上遗物何人当取?

  王华见地上有遗金何以不取之以归?

  王华以遗金投诸水中何故?

  王华欲遗金归还原主何不藏诸囊中,待其人至而还之,而务必投之水中何故?

  诸生见路有遗物应如何?

  诸生愿学王华否?

  这份教案采用"三段法",即"预备——提示——应用",教师前半段重点引导学生重点理解王华路不拾遗,接着让学生理解为什么王华没有把金钱抛到水中,在"应用"部分依然是设置了七个问题,巩固本堂课所学并迁移到自身。

  在这次"悬赏应征教授案"的活动中,《教学杂志》也登出了社告:"此次应征之教授案,注意文字之讲读练习,有国文教授案性质,非修身教授案也。以此之故割爱甚多,尚希投稿诸君谅之。又此次投稿者多仅做简明修身教授案,女子修身作者甚少,佳卷尤鲜,故未取录。"由此可见,那时的修身课如同现在的思品课,教师们在编制教案的时候也容易偏离品德教育的目标,犯把思品课上成语文课的错误。

  (2) 清末民初小学教授案的特点

  ① 注重道德价值观念的传授

  虽然课堂的教学形式在努力学习西方授课制,但是按照中国传统,教学还是比较注重知识背后的"道"与"理"。教师在课堂上主要是通过教材对学生进行道德观念的教化与渗透。

  ② 强调教师"教"的立场

  首先我们发现在教案的编制上,教授案中常用的是"令诸生、使生、授以"等词语,可见教学的主体依然是教师。其次,从教案的呈现来看,教师已经制定好课堂路线,预设的问题,学生只需要一两个字即可作答,参与的时间和空间太少了。第三,无论是"三段式"还是"五段式"的课堂,仍然是"注入式"课堂。以上二等、三等两篇教授案体现得尤为明显。

③ 开始关注学生的学习兴趣

分析以上三篇教授案实例,我们发现第一篇教授案之所以能被评为一等,还是在于他以学生感兴趣的故事导入,全程都有学生的参与和互动。同时教师在备课的时候也关注到了学生的认知水平,课堂上的师生问答也能够吸引学生的注意与兴趣。

(四)"淑新"课程评价方法的初创

本阶段无论是从新生入学还是毕业都有一套评价办法。

1. 新生入学调查及评价

笔者从1909年《教育杂志》第七期"教授管理"专栏中寻找到《新入学儿童调查考验方法》,内容如下:

第一条:以知新入学儿童之能力发达程度及身体状况,且就其父兄调查儿童个性教养资料,以助教育之发达为目的。

第二条:能力发达程度之调查。就各儿童以全体职员同一之方法,同日分担行之。但职员之一部则作为本调查之辅助者。

第三条:前条之调查,就左之事项行之。

一 自己之观念:姓名　　年岁

二 数之观念:一至七之顺算、一至三之分解总合

三 形态之观念:四角、三角、圆之识别并表出

四 颜色之观念:黄红青之识别并表出

五 事物之观念:就实物标本模型图画之识别并表出自然物自然现象人工物。

六 嗜好之倾向

七 表出力

八 发音之正否

以上第七第八两项须与前各项调查同时调查之。

第四条:儿童个性教养资料之调查就各父兄,以全体职员同一之方法,与儿童能力发达程度之调查同时分担行之。但职员之一部则为本调查之辅助者。

第五条:前条之调查,就左之事项行之。

一 家庭情形:1 出生地　　2 父母之存否　　3 兄弟之有无　　4 保护人及与该儿童之关系

二 入学前之经历

三 性癖

四 五官之障害

五 四肢运动之障害

六 过去之大病

七 现在之健康情形

八 种痘几次

九 对学堂之希望

第六条：第二条第四条之调查，于开学时行之，其法将儿童与父兄同时呼近，儿童调查毕，再就其父兄调查之。调查之时，务须格外留意，勿将儿童调查之内容漏泄。

第七条：第二条第四条之调查，则用别种调查票。

第八条：第二条第四条之调查毕，调查者即日当计算其所分担之调查票，提出于新入学儿童统计委员，但新入学儿童统计委员则由校长预行指定。

第九条：新入学儿童统计委员，以翌日为限，须核算完毕，将其结果报告校长，但校长当将其结果通告新入学儿童担任者及全体职员。

第十条：新入学儿童之身体检查，于开学后十日内由学校医行之。

第十一条：新入学儿童之担任者，须参照研究第二条第四条调查之结果，与身体检查之成绩，以图收本调查之效果。

表 2-9 某某地某初等小学校

新入学儿童能力			
（三）形体之观念	（二）数之观念	（一）自己之观念	调查事项
6 三角 7 四角 8 圆	3 顺算 4 分解 5 总合	1 姓名 2 年岁	调查问题
		完全 不完全 不能	调查结果
		备考	

表 2-10　新入学儿童调查考验方法

第　　号	发达程度调查票					
儿童姓名	注意时间	(六)嗜好之倾向	注意		(五)事物之观念	(四)颜色之观念
^	^	^	发音之正否	言语之发表	^	^
生年月日几岁	本调查所需之时间须记入	15最喜之游戏名称	于前项调查之时调查之		12自然物 13自然现象 14人工物	9黄 10红 11青
宣统年月日岁生	时间	名称				
住址						

表 2-11　某某地莫某小学堂新入学儿童个性调查表

新入学儿童个性				
家　庭　情　形				调查事项
保护人及与该儿童之关系	兄弟之有无	父母之存否	出生地方	^
伯父 叔父 伯母 叔母 亲戚等	兄姊　人 弟妹　人 无兄弟	父母俱存 父存 母存 父母俱亡	府厅州县街市或乡镇	调查结果
过去之大病	四肢运动之障害	五官之障害		调查事项
无　有	手　足	1 有无眼疾近视斜视 2 有无耳疾　重听　聋 3 有无鼻疾 4 有无口内疾吃 5 有无皮肤疾		调查结果

表 2-12 新入学儿童教养资料调查表

<table>
<tr><td>第　号</td><td colspan="4">教养资料调查票</td></tr>
<tr><td>儿童姓名</td><td>备考</td><td>性癖</td><td colspan="2">入学前之经历</td></tr>
<tr><td></td><td rowspan="7"></td><td rowspan="2">小心
哭癖
虚言癖
浪费癖等</td><td colspan="2" rowspan="2">有幼稚园家庭教育
无家庭教育</td></tr>
<tr><td>保护者姓名</td></tr>
<tr><td></td><td rowspan="2">注意
对本调查答辩之人
对学校之希望</td><td rowspan="2">种痘几次</td><td rowspan="2">现在康健情形</td></tr>
<tr><td>职业</td></tr>
<tr><td></td><td rowspan="3">保护者之亲友
父母
佣仆</td><td rowspan="3">宣统　年月日
次
最近种痘</td><td rowspan="3">近便
康健
虚弱
畸形</td></tr>
<tr><td>住址</td></tr>
<tr><td></td></tr>
</table>

2. 学业成绩考查规程

1913 年,《教育部咨覆江苏行政公署小学校令》在学业成绩考查规程中,对小学生学习成绩检测有所规定:

第十条第一项:最后学年每学科试验成绩参合平时成绩,判定分数为本学年每学科成绩分数。又与前各学年每学科成绩分数相加,以学年数除之,为各学科毕业成绩分数。

第十八条:学生缺席在第一学年内至四十小时者应减学业成绩总分均一分。按缺席减分既在一学年成绩总平均分数内计算而毕业时之成绩系将历年各科分数平均,则从前所减之分至毕业时应若何计算,细释本规程第十条第二项之意,是毕业成绩虽须将历年各科分数平均仍以求得总平均分数为终结。此项缺席减分办法是否统计各学年应减之分数,以学年数除之,用四舍五入法于毕业总平均分数内扣去。

由以上两条小学学业成绩考查规程中的规定,我们可以知道,自教育部成立,评价制度也较之以前全面化,能够结合学生的平时表现,以及出勤率进行评价,而不再是仅以一张试卷就可以下定论。

3. 考试章程及履历评价

笔者在阅读1909年《教学杂志》第一期的过程中,从教育法令一栏,发现《学部通咨改订各学堂考试章程文(附章程)》,此章程直观地向我们揭示了当时的考试制度以及履历评价项目,现将全文翻译如下:

为咨行事普通司案呈照得各学堂修业文凭,现经本部订定条例并刊发文凭及存根簿式样。颁行各处查此项文凭与各学堂考试章程互有关系。三十二年十二月。本部奏改各学堂考试章程,此外考试一条尚有,应行变通之处,兹将此条酌加改订以便与修业文凭相辅而行,相应刷印改订各学堂考试章程,一条咨行查照办理可也须至咨者。

附改订各学堂考试章程一条:

三十二年十二月学部奏改各学堂考试章程。此外考试一条所详核算分数之法,体察情形,有应行变通之处,兹将条文及注语酌改如下。

此外,考试皆以百分计算。各学堂学期考试或学年考试时,将临时考试分数与学期考试分数或学年考试分数二除之,为本学期或本学年平均分数(中等一下各学堂临时考试分数并应加入教员平日所记分数平均计算),除不满二十分者令其出学外,凡在六十分以上者升级;六十分以下者,留原级(其在一年一学级之学堂,应以学年所得总平均分数,分别升级留级)。

学部通咨颁行中学堂学生履历分数表格文(附表)

为通行事普通司法司案呈照得学务初,与固在提倡而办理,不循定章,则始基不立,纷纭淆乱,整理尤属为难定章。高等小学以上学生毕业皆有奖励,如果年限程度悉合定章,本部断无不核准之理。乃近来各处毕业请奖之案多有与定章不相符合者,或列等不照定章分数,或分数不照定章计算,或毕业人数及学堂开学年月,学生到堂年月与提学司汇详之表册,暨学堂径寄本部之表册不符,诸如此类,不胜枚举。本部照章指驳自未便迁就通融,但各处员绅、学生未悉其详,或疑为有意从刻,盖毕业之案。既经提学司详部,则核准给奖。已在意中追经部驳,不免嗒然失望。员绅之得力者,或顿减其热诚,学生之向学者亦因之而沮丧,迁流所及,阻碍滋多。亟应认真整理,俾归尽一应由京师督学局,暨各省提学司平时于各项学堂学科程度,学生人数资格到堂年月。教员、管理员资格以及任事之勤惰,悉必考察,遇有学生毕业之时,即确切查明该生等年限程度考试分数是否悉合定章。不合者应即指驳,合则详部请奖,不得轻率详请致干指驳,或遇实在为难及应行变通之处,准其随时详请核示。其详部请奖之案,应造清册,原无一定格式,唯现时各处报部表册太不一律殊难考核。

若各项学堂表册式样概由本部颁发,履历分数表式样一种颁行各处,应由督学局暨各省提学司照式刊印颁发。各中学堂令其照刊备用。其他各项学堂此项表格即由督学局暨各省提学司仿照此次所颁式样并查照定章,各学堂、学科、学期分别另编表格,一律颁行各学堂历年、历期,考试亦可用此项表格填注分数,至学生毕业之时,即用此项表册详报。

如果逐年预备接续填注平时,既便考核,亦免毕业时编造为难报部之册,并应由该官衙门盖用印信,或本学堂盖用关防铃记,以昭慎重。如此办理庶可免缺略歧误之弊,亦可省复查之繁。于学务不无裨益,相应刷印中学堂学生履历分数表格通行,查照办理可也须至咨者。

表2-13 某中学堂学生履历分数表

毕业考试总平均分数	历期历年考试总平均分数	毕业	第十学期	第九学期	第八学期	第七学期	第六学期	第五学期	第四学期	第三学期	第二学期	第一学期	学期\分数\学科	等	某省
													修身		
													读经讲经		
													中国文学		系省人宣统年月毕业
													外国语	曾祖	
													历史		
													地理	祖父	
													算学		
													博学		
													物理及化学		
													法制及理财		
分平均得毕业分数	分												图画		某中学堂学生履历分数表
													体操	年月入学堂	
													毕业考试中文第二题	有情于下如转事此说明	
													总计		
													平均		
		分	十学期总计										十学期总计平均	岁于	
		分	十学期平均												

纵观实验一小本阶段的历史,由于社会大背景的变革,我国教育也进入急速转型时期,我国的教育科学逐渐从译介走向编著,从移植走向创生,从草创走向革新与发展。实验一小的"淑新"课程,紧跟全国以及江苏省的教育教学改革步伐,也经历了从初创到改革发展的历程。

二、"淑新"课程的改进与革新(1918—1936)

民国时期,随着新思想的到来,教育也呈现了新的面貌。1919年五四运动以后,以民主与科学为基础的思想推动了教育的革新,西方各种教育思想也助推了教育的发展。教育事业在学制、高等教育及女子教育等方面有着重大的变革。在本时期,各类教育理念被不断应用到实践中,教育改革顺应时代的发展,又在变革中迸发出新的活力,这一历史过程使得中国近代教育的发展更加民主化和科学化。虽然有风波变革不断,但教育没有停止发展的步伐。此时的江苏中小学教育展现了积极的姿态,质量极高,教育发展有独特的优势。

本期"淑新"课程在复杂的社会背景下经历了改造与革新,课程体系不断完善,课程的价值取向走向了多元。课程发展可分为两个阶段,第一阶段从1918年到1927年,此时是小学课程的进步期,初期沿着之前的课程轮廓,酝酿着新的改造,后来的课程则发生了一番跃进,有了明显的进步。第二阶段从1928年到1936年,这期间保留了上一阶段课程发展的优点,也让课程有了中心思想,可谓是课程的革新时期。

为方便后面叙述,现将本时期中实验一小校名发展情况简要概括如下:

1918年至1926年,淑新女校仍和前期一样,前院为淑新女校初等小学部,后院为县立第一女子高等小学。

民国七年(1918年),4月23日为立校纪念日,开学艺会。5月9日为国耻日,实验一小师生在礼堂开会,宣讲二十一条不平等条约签订始末,进行爱国主义教育。

民国十三年(1924)9月,盘踞江苏省的直系军阀齐燮元为夺取皖系军阀卢永祥控制的上海,挑起了齐卢之战,历时二年,朱泾镇及附近地区战事频繁,学校被迫停办。

民国十六年(1927)2月,北伐军进攻浦南,皖系孙传芳部从朱泾撤走,知县也随之逃跑。朱泾镇由国民党县政府控制。从此学校由金山县教育局管辖。县立第一高等小学、第一女子高等小学、淑新初等小学、辅仁初等小学4校合并,校名改为朱泾第一小学,从此校内男女生同学。

民国二十年(1931年),全县推行中心小学制,实验一小改名为朱泾中心小学。

(一)"淑新"课程标准的改进与革新

1."淑新"课程标准的改进

1919年的五四运动对国人的生活产生了较大的影响,教育界也用积极的姿态回应这场思想解放运动。国家教育宗旨随着社会变革而变更,各级学校的教育目标也随着社会需要而修订。在此背景中,"淑新"课程目标既承袭了前期的内容,又在不断发展着。

民国七年(1918)以后,民治主义的思想与军国民教育的宗旨不相容。[①] 此时实际教育的实施与教育宗旨是脱节的。1918年,中华教育改进社主张将教育宗旨改为"养成健全人格,发展共和精神"。虽然几次呈请都未得教育部同意,但那时候很少有人奉行1912年颁布的教育宗旨。1922年12月公布的《学校系统改革令》中明确规定了七条教育标准:适应社会进化之需要;发挥平民教育精神;谋个性发展;注意国民经济力;注意生活教育;使教育易于普及;多留各地方伸缩余地。[②] 这七条教育标准替代了教育宗旨。1923年,《新学制课程标准纲要》颁行,其中拟定了各科的课程标准,现将小学各科的课程标准整理如下:

表2-14　1923年《新学制课程标准纲要》小学各科课程目标

课程	目的
国语	练习运用通常的语言文字,引起读书趣味,养成发表能力,并涵养性情,启发想象力及思想力
算术	练习处理数和量的问题,以运用处理问题的必要工具。要点如下:在日常的游戏和作业里,得到数量方面的经验;能解决自己生活状况里的问题;能自己寻求问题的解决法;有计算正确而且敏速的习惯

---

① 陈侠.近代中国小学课程演变史[M].福州:福建教育出版社.2007:24.
② 陈侠.近代中国小学课程演变史[M].福州:福建教育出版社.2007:38.

(续表)

课　程	目　的
卫生	使知增进个人健康、防免疾病传染的方法和公共卫生的要领。养成卫生的习惯
公民	使学生了解自己和社会(家庭、学校、社团、地方、国家、国际)的关系,启发改良社会的常识和思想,养成适于现代生活的习惯
历史	使知生活演进、社会变迁和世界趋势的大概。培养正确人生的观念,养成探索事物原委的兴趣和习惯
地理	使儿童了解人生与地理的关系,使儿童知道本国与世界各国的关系,养成儿童对于自然环境及社会环境观察、思索、研究的兴趣和习惯
社会	知社会的过去、现在的情状和社会与人生的关系,培养儿童观察社会的兴趣和尽力社会的精神,养成社会生活的种种必要习惯
自然园艺	启发对于自然物和自然现象的基本知识。明了自然与人生有美术的、经济的、社会的、卫生的各种关系;有欣赏自然、研究自然和爱好田野生活的兴趣;有利用自然和种植畜牧的知能
工用艺术	研究并实习衣食所需最普通的原料的来源、用途和制法,工具的构造和使用;并引起尊重工作的观念,欣赏工业品的兴味和涵养、敏确、整洁、耐劳等德性
形象艺术	启发儿童艺术的本性,增进美的欣赏和识别的程度;陶冶美的发表和创造的能力并涵养感情,引起兴趣
音乐	能唱平易的歌曲,能识简单的乐谱,并发展快乐活泼的天性、涵养和乐群的感情

2."淑新"课程标准的革新

1927年,南京国民政府成立,教育也在经历新的变革。在此期间,孙中山先生的三民主义成为一切政治建设的基石,国家的教育也是如此。

民国十八年(1929)四月国民政府公布了教育宗旨:中华民国之教育,根据三民主义,以充实人民生活,扶植社会生存,发展国民生计,延续民族生命为目的,务期民族独立,民权普遍,民生发展,以促进世界大同。[1]

在国民政府公布的教育宗旨下,本期小学课程经历了四次变革,按照时

---

[1] 陈侠.近代中国小学课程演变史[M].福州:福建教育出版社,2007:50.

间顺序分别是：1928年大学院颁布的《小学暂行条例》、1929年教育部颁布的《中小学课程暂行标准》、1932年教育部颁的《小学课程标准总纲》和1936年教育部修正的《小学课程标准》。

《小学暂行条例》(1928)指出：小学教育应根据三民主义，按照儿童身心发展之程序，培养国民之基本知识技能，以适应社会生活。①《小学课程标准总纲》(1932)将小学教育总目标列为：小学应根据三民主义，遵照中华民国教育宗旨及其实施方针，发展儿童身心，培养国民道德基础及生活所必需的基本知识和技能，以养成知礼知义爱国爱华的国民。具体标准如下：培育儿童健康的体格；陶冶儿童良好的品性；发展儿童审美的兴趣；增进儿童生活的知能；训练儿童劳动的习惯；启发儿童科学的思想；培养儿童互助团结的精神；养成儿童爱国爱华的观念。②《小学课程标准》(1936)对《小学课程标准总纲》进行了修正，此次小学教育总目标如下：小学教育应遵照小学规程第二条之规定，以发展儿童身心，并培养儿童民族意识、国民道德基础及生活所必需的基本知识技能为主旨。③

本期"淑新"课程的目标以1932年国民政府公布的《小学法》和教育部颁布的《小学课程标准总纲》中的"小学教育总目标"为准。在此期间的课程目标，以三民主义为指导思想，以儿童为本位，课程内容关注儿童的品德、知识技能、审美情趣、劳动生活技能，关心儿童身心发展，注重儿童的科学思想培育，逐步建立儿童的民族意识。

(二)"淑新"课程内容的演变及特色

1. 改进期的"淑新"课程内容

1922年公布的《学校系统改革令》带来了学制的改变，也就是"壬戌学制"。新学制规定了小学毕业年限为6年，前面四年是初级小学，也可以单独设立，后面两年是高级小学。

学制既已改动，随之而来的便是课程内容的改革。1923年，《新学制课程改革纲要》刊布，本期小学课程科目及百分比如下表所示：

---

① 公文：大学院颁布小学暂行条例训令[J].上海教育(上海1928),1928(03):14-16.
② 部颁小学课程标准总纲：第一：小学教育总目标[J].教育周刊,1933(139):55-56.
③ 特载：修正小学课程标准总纲(二十五年七月教育部颁行)(附表)[J].江苏省小学教师半月刊,1936,4(05):28.

表 2-15 1923 年《新学制课程标准纲要》小学课程

课程 \ 百分比 \ 年级		初级小学	高级小学
国语	语言	30	6
	读文		12
	作文		8
	写字		4
算术		10	10
社会	卫生	20	4
	公民		4
	历史		6
	地理		6
自然		12	8
园艺			4
工用艺术		7	7
形象艺术		5	5
音乐		6	6
体育		10	10

据文献记载,1924 年,实验一小设置的课程有:国语、算术、社会、自然、工艺、美术、音乐、体育,授课时间不仅各年级不同,同一年级的春始、秋始班也有异,每周一乙春始 1 040 分钟,一甲秋始 1 050 分钟,二年级秋始 1 200 分钟,三年级乙班春始 1 320 分钟,三年级甲班秋始 1 410 分钟,四年级秋始 1 485 分钟。1927 年,县教育局加强了对学校的管理和监督,并对学校开设课程作了规定,计有公民、国语、算术、社会、自然、体育、卫生、劳作、美术等。

2. 改进期的"淑新"课程特色

(1) 课程前后有联系

表 2-15 显现了"壬戌学制"中的小学课程,初级和高级的科目是相同的,但有些课程形式不同。在初级的课程中,卫生、公民、历史、地理统一为社会一科,是混合教学的,而高级小学是分科教学。同样的,自然和园艺在

初小统为"自然",施行混合教学,在高小的课程中则是两门学科。初级混合教学,高级分科教学,让课程有了联系,避免了"断层"。

(2) 课程以儿童为中心

在课程纲要中,教材的编写以儿童为中心。国语的教材编写注重儿童化,算术的教材也以儿童生活为主,其他各科教材也用语体文编写,适宜儿童学习。在方法中,也有建议一、二年级采用游戏的方式教学,符合儿童心理。在教学时间上,前期的课程每节课的授课时间是按时计算的,这次改用了分钟制,各科分配用百分比。初小一、二年级每周至少1 080分钟,三、四年级授课每周至少1 260分钟,高级每周至少1 440分钟。授课时间比以前减少了,初小一、二年级每周减少4—8小时,三、四年级每周减少了8—9小时,高小每周减少5—7小时,授课时间的调整顾及了低年级儿童注意力不持久的特点。

(3) 美育课程观形成

本期课程的改动较多,美育课程的内容在不断丰富。前期的图画科在本期改名为"形象艺术"科,从欣赏、制作、研究三方面制定了学习的标准,拓宽了课程范围。"形象艺术"科的课程纲要中强调了"欣赏"一项,学校要有美术品,能让儿童时常欣赏,启发儿童发现美、陶冶美和创造美。手工科改名为"工用艺术"科,从知识、技能、陶冶这三方面扩大了课程的含义,使学生增长有关工艺的知识,掌握实用的工艺技能以及引起尊重工作的观念和欣赏工艺的兴趣。

(4) 国语日趋重要

本期各科教材都是用语体文编写的,将从前的国文改为了国语,并将国语这一课程的内容细分为语言、读文、作文与写字,读文教材以儿童文学为主。前三年,读文、作文与写字可以合并教学,后三年注重自学辅导。教学的时间百分比最大,由此,语言文字的地位日趋重要。

(5) 重视常识教育

本期的小学课程,将修身科取消,加入了公民与卫生。公民与修身不同,修身这一课程关注学生的道德涵养,而公民这一课程则更注重培养学生对家庭、学校及社会环境的认识。在课程纲要中,卫生科意在培养学生防护疾病的技能,在家庭和公共场合养成良好的卫生习惯,这门课程的增设让小学课程更趋于完备。

1925年,《金山县教育月刊》曾刊登由淑新小学研究部编的《新编常识教材》。常识的内容包括了历史、地理、公民、卫生、自然、园艺等科,低年级未设历史,而是列入了故事。儿童日常接触的一事一物,都是常识。实验一小拟定的常识教材的标准有:实用、适合儿童环境、富有趣味。教材要目如下所示:

第 一 学 年

公民:学校设备和快乐、家庭之快乐、学校和家庭的比较、整理书包、每日早晨的预备、每日放学的状况、父母的辛苦、对待先生之礼、小朋友当和睦、校中的规则、教室规则、操场规则、中秋节之点缀、双十节之庆祝、孔诞日之仪节、国旗、教室内的布置、洒扫、守时刻、保护公物、戒多言、不妄取、节用、储蓄、寒假期内应做的事、过年的预备、祭祀、春天的快乐、扫墓、职业、农夫之劳苦、戒虐待生物、国耻、端午之点缀、暑假期内应该做的事、其他偶发事项。

卫生:头部的清洁(发面、耳眼、口齿鼻)、手足躯体之清洁、坐的姿势、行走的注意、饮食物的注意、多食杂物的害处、早起早眠的益处、衣服的清洁、衣服增减上的注意、用品入口。

自然:新秋的风景、蟋蟀、秋天树叶的改变、秋天的果品、桂花、稻、米、糕的制法、松、莱菔、蟹、菊、冬天的风景、霜、雪、梅花、春景、桃花、笋、油菜、燕、蚕豆、初夏的风景、盛夏的风景、荷、西瓜、蜻蜓、蜘蛛、蝴蝶。

故事:范仲淹读书、司马击缸、文彦博取球、孔融让梨、黄香扇枕、老莱子娱亲、王祥卧冰、韩伯愈泣杖、曹娥投江觅父、张良进履、管宁割席、许衡不取道旁梨、孙叔敖杀两头蛇、鹬蚌相争、卞庄刺虎、除三害、文侯出猎、季札赠剑、孟母三迁、画荻教子、陶侃运甓、闻鸡起舞、韩乐吾助邻、陈平分肉、船称象、火牛阵、孙唐门狮、磨杵为针、愚公移山、挂角读书、仅用一文、卜式牧羊、破击得粟、焚券还宅。

第 二 学 年

历史:巢燧二氏的发明、黄帝擒蚩尤、交通器具的发明、禹治水、孔子、越王勾践、秦始皇、诸葛亮、七步成诗、赤壁之战、毛笔和纸的发明、岳飞、武昌起义、华盛顿、哥伦布、鲁滨逊。

地理:我之学校、朱泾、县署、孔庙、烈妇亭、法忍寺、窑镇、本邑著名的物产。

公民：家庭、孝亲、友爱、对待儿童的方法、朋友、守信、自立、勤劳、公德、戒妄语、守规则、值日生之职务、提倡国货、勇敢、知耻、爱国。

卫生：人体各部分的名称、人体各部分之保护法（头部、躯干、四肢）、饮生水的害处、齿之组织和功用、食物不细嚼的害处、食小摊上物品的害处、进食前后的卫生、衣服的更换和时令、运动时的卫生、种牛痘、寝室寝具的清洁、教室的清洁、日用器具的清洁。

自然：棉花、从棉花制成衣服之手续、耕牛、羊毛和毛织物、稻的种类和收获、害稻的虫、昆虫的变化、猫、鼠、养鸡、扁豆、山芋、橘子、水之循环、五金、麦、酒、黄豆、豆腐、酱和酱油、各种酱制食物的方法、油的种类和功用、煤炭、火柴、不倒翁、时计、空气的实验、甘蔗、糖、蜜蜂、动植矿三者的区别。

第 三 学 年

历史：文字的起源、井田之制、商鞅变法、孟子、班超、郭子仪、坐具行具的发明、木板印刷术的发明、耶稣、释迦牟尼、谟罕默特、明太祖、郑和航海、太平天国、李鸿章、袁世凯、孙中山、俾士麦、达尔文、奈端、安迪生。

地理：吕巷、张堰、干巷廊下、松隐尒来庙、金山卫、韩坞泖桥、兴塔、本邑面积人口及区划、本邑山川、本邑四邻、江苏省、南京、上海、苏州、无锡、镇江、沪宁铁路和沪杭铁路、本省水道。

公民：宴会、公共体育场、图书馆、医院、红十字会、公园、消防事业、保卫团、街道与河道、公益、慈善、商业道德、工业道德、邮票和印花、寄信的方法。

卫生：消化器之组织和卫生、循环器之组织和卫生、神经系之组织和卫生、骨干之组织和卫生、早操的益处、冬日冻疮预防方法、烘火的厉害、市售食物的注意、垃圾的处置、可怕的苍蝇、可怕的蚊子、皮屑和沐浴、睡眠时应当注意的事。

自然：食肉类的动物、反刍类的动物、啮齿类的动物、水中动物、两栖类、下等动物、动物自卫的器具、动物色彩、寄生虫、植物传播种子的方法、根茎叶、花、奇异植物、陶土和黏土、瓷器、磁石与指南针、寒暑表、留声机、热之传导、衣服的颜色。

第 四 学 年

历史：贸易和易中、兵器的进步、文字的变迁、古代最酷的刑罚、鸦片之战、英法联军之役、中法之战、甲午之役、庚子之役、日俄战争、欧战、廿一条约、华府会议、江浙战争、五卅惨案、直奉二次战争、关税会议。

地理：我国疆域、十八省、长江、黄河、运河、长城、泰山、沿海军港、北京、全国贸易中心、汉口、欧战牵涉中国的青岛、京汉路和黄河桥、蒙古沙漠、日本、俄罗斯、印度和南洋群岛、英吉利、美利坚。

公民：自尊、自治、烟酒之害、赌博之害、国体和政体、立国的要素、内阁的组织、三权分立会议、四级三审制、各种牵头格式、各种请柬式、各种便条式、写信用的称呼、广告的作用、会场规则。

卫生：街道的清洁、本市的饮用水、细菌的生活和毒害、疟疾的预防和治疗法、肺痨病、霍乱病、痢疾、赤眼的预防和治疗法、伤风的原因和预防法、鼻衄的治疗法。

自然：氧气、氢气、氢气球、飞艇飞机、汽车汽船、杠杆、阴历和阳历、画页和四季、地球五带、恒星与行星、日月食、潮汐、火山地震、太阳七色、虹、眼镜、望远镜、显微镜、雷电、电灯、电风扇、电话、电报。

园艺：浇水、拔草、培土、捕虫、分根、移植、播种、剪裁。

3. 革新期的"淑新"课程内容

本期课程内容经历了四次演变，《小学暂行条例》（1928）的出台是临时规定以应急需者，其余的三次都经过了多数专家的研究、起草与整理。现将四次演变中的课程内容整理如下：

（1）《小学暂行条例》所列的小学教学科目

表 2-16　1928 年小学课程一览表

课程 法令 年级	初　级	高　级
1928《小学暂行条例》	三民主义、公民、国语、算术、历史、地理、卫生、自然、乐歌、体育、党童子军、图画、手工	三民主义、公民、国语、算术、历史、地理、卫生、自然、乐歌、体育、党童子军、图画、手工、职业科目

此年，小学科目数量增长了，"三民主义"和"党童子军"正式加入了小学课程。关于高级小学中新增的"职业科目"，条例中规定高级小学要根据地方情形加设职业或其他科目。另外，前期的"音乐"该名为"乐歌"，而"工用艺术"和"形象艺术"在本期又改回了从前的科目名，分别是"手工"和"图画"。

(2)《中小学课程暂行标准》(1929)中的小学课程内容

表 2-17 《中小学课程暂行标准》中的小学科目及授课时间

年级 科目	低年级	中年级	高年级
(党义)	(30)	(60)	(90)
国语	330	300	390
社会	90	120	150
自然	90	120	150
算术	120	150	180
工作	150	180	210
美术	60	90	90
体育	150	150	180
音乐	120	90	90
总计	1 140	1 320	1 530

此表中所列的时间是课内时间,在课外有另外的时间规定。比如,每天进行 2—3 小时的体育课外运动;每周举行一次周会,每次至少 60 分钟;每天举行一次朝会,每次 10 分钟。

和前期的课程相比,在形式上,本期课程将一些科目进行了合并,比如历史、地理和卫生的一部分合并为社会。自然中也包括了个人卫生。在初级小学中,社会与自然合为"常识科"。还有一些科目的名称有了改动,比如本期的"美术"原为"形象艺术",因"工用艺术"的名称已改,再加上内容也扩大了,因此将"形象艺术"更名为"美术"。前期的"工艺"课程内容也扩大了,包括了学校、家庭、农商等内容,课程名称改为"工作"。

(3)《小学课程标准总纲》(1932)中的课程内容

本期课程和《中小学课程暂行标准》中所定的课程内容有较大的区别。

首先,本次特设了"公民训练"科,并且增加了"小学公民训练标准",以此为学校实施训育的依据。公民训练是关于公民和修身等有关道德训练的科目,涉及了学校、家庭及社会生活方面。

表 2-18 《小学课程标准总纲》中的科目及授课时间

科目＼年级（分钟）	低年级		中年级		高年级
	一年级	二年级	三年级	四年级	
公民训练	60	60	60	60	60
卫生	60	60	60	60	60
体育	150	150	150	150	180
国语	390	390	390	390	390
社会	90	90	120	120	180
自然	90	90	120	120	150
算术	60	150	180	240	210
劳作	90	90	120	120	150
美术	90	90	90	90	90
音乐	90	90	90	90	90
总计	1 170	1 260	1 380	1 440	1 560

其次，注重课程与课程之间的联络。在"教学通则"中强调教材的组织中要使各科联络，减少割裂和重复，让教学内容成为一个单元，从中可以看到现今所提倡的"学科融合"及整体教学的影子。

另外，前期的党义科已不单独设立，而是将内容融于其他科目中。低年级科目的合并较多。在课程中，"工作科"改为了"劳作科"。美术和劳作在低年级合并为"工作"。社会、自然、卫生三科在初小合并为常识科。

(4)《小学课程标准》(1936)中修正的课程内容

表 2-19 《修正小学课程标准》中的科目及授课时间

科目＼年级（分钟）	低年级		中年级		高年级
	一年级	二年级	三年级	四年级	
公民训练	60	60	60	60	60
国语	420	420	420	420	420
社会	（常识）150	（常识）150	180	180	180
自然					150

(续表)

科目 \ 年级(分钟)		低年级 一年级	低年级 二年级	中年级 三年级	中年级 四年级	高年级
算术		60	150	180	210	180
劳作	(工作)	150	150	90	90	90
美术				90	90	60
体育	(唱游)	180	180	120	150	180
音乐				90	90	60
总计		1 020	1 110	1 230	1 290	1 380

本次修正的课程内容中,科目仍有取消和合并的,如取消了卫生科,将卫生分化到有关的课程中,美术和劳作在低年级中合为工作科,体育和音乐合为唱游科。低年级和中年级的卫生知识、社会和自然合为常识科。另外,时间上的调整变动较大,各个年级的课时数比前期减少了。

4. 革新期的"淑新"课程特色

综合4次课程演变,与前期的课程相比,革新期的小学课程呈现了一统的特点,特别是教育目的与政治目的相统一。在新的思想中心到来的时候,教育者有自己的教育立场,他们在教育改革中实践着自己的教育信念。因而,本期的"淑新"课程体系的建立是一个自我改造的过程,教育者做了很多试验与努力,在吸收外国教育思想的同时,改良课程,使课程体系日趋完整,有了一系列改革成果。本期"淑新"课程的革新之处如下:

(1) 教育目的和政治目的相统一

国民政府建立后,教育目的的政治性加强了。当时以三民主义为指导思想,积极推行"党化教育"。在1929年公布的教育宗旨中,强调了三民主义教育要和全体课程以及课外作业相关联。1928年和1929年的课程变革中,在科目里列入了"三民主义"或"党义"。1932年和1936年的小学课程标准中更是规定要将三民主义的思想融入各科。此期的课程内容与课程标准相匹配,课程目的和教育宗旨密切联系。

(2) 重视训育

本期小学课程的一大精神则是知识传播和习惯养成并行。本期的教育者们认为中小学教育是民族的根本,在内忧外患的时期,教师要特别注重对学生的训育,让儿童和青年振奋精神,有雪耻救国的准备,发扬民族传统美德——忠、孝、仁、爱、信、义和平等。课程中和训育有关的科目一再变动。国民政府成立后,积极推行三民主义教育,在课程上,从修身科到公民科,又增设三民主义(后改名为党义),1932年还产生了《小学公民训练标准》。学校也利用各种课外活动时间进行训育,表中的集团活动包括了朝会、周会、纪念周、党童子军等,这都是集中训育的时间。具体时间如下表所示:

表 2-20　各种集团活动每周时间表(1932)

年　级	分　钟
低年级	180
中年级	270
高年级	360

根据教育宗旨及政府方针,1931年,金山县颁布了《小学训育大纲》,实验一小依据大纲对学生实施训育。训育目标包括训练个人行为、培养社会知识的兴趣和实行才能、陶冶健全的人生理想、确立道德品性、完成公民资格之基础。对于学生日常行为的规范,金山县制定了《小学训育标准》,即金山好学生一百二十条,成为当时各校训育统一的训练标准。现将繁体字内容翻译如下:

金山县小学训育标准——金山好学生
第 一 度

(1) 认识国旗、党旗和校旗。
(2) 用手帕揩鼻涕
(3) 吃点心先洗手
(4) 排队要静
(5) 年纪大的让小的
(6) 不打人
(7) 不骂人
(8) 玩具玩过了仍旧放好
(9) 天天到学校

(10) 手和铅笔不放在嘴里

第 二 度

(1) 听读总理遗嘱时要恭敬起立

(2) 天天刷牙漱口

(3) 吐痰入盂

(4) 常换衣服衣扣扭好

(5) 工作完了即刻收拾好

(6) 小事情不哭不告诉

(7) 不大声乱吼

(8) 关门开课桌很轻

(9) 不多吃糖

(10) 听从师长父母的话

第 三 度

(1) 东西用过了放在原处

(2) 说老实话

(3) 准时到学校

(4) 敬爱国旗、党旗、校旗

(5) 开会时要安静

(6) 拾到了东西要交给师长

(7) 上课时先举手后说话

(8) 上课时肯报告晓得的事情

(9) 常剪指甲，常理头发

(10) 不买小摊上的东西吃

第 四 度

(1) 无故不缺课

(2) 坐的时候身体正直

(3) 不开别人的抽屉

(4) 说话和气

(5) 纪念日到校行礼

(6) 不在路上吃东西

(7) 保护图书器具

(8) 爱惜花草和有益的动物

(9) 收发用品很快

(10) 训话和演讲时静听

第 五 度

(1) 没有得到允许不动用别人的东西

(2) 不乱吃杂食

(3) 不涂墙壁和课桌

(4) 唱国歌党歌校歌时立正脱帽

(5) 排队时要快要安静要整齐

(6) 尽力做值日生的事情

(7) 不乱涂黑板乱抛纸屑

(8) 不忘带课业用品

(9) 各种本子上不瞎写瞎画

(10) 运动后不即刻脱衣服喝冷水

第 六 度

(1) 记牢每日时间表,一课完了就预备下一课

(2) 借了人家的东西应当感谢

(3) 集会时候准时到会

(4) 能背诵总理遗嘱

(5) 爱护益虫

(6) 想法使公共地方整洁

(7) 爱惜纸笔颜料和别种东西

(8) 师长不在时静守秩序

(9) 遵守游戏的规则

(10) 事情没有知道底细不乱说

第 七 度

(1) 身体服装都整洁

(2) 不扰乱他人的作业

(3) 笔记本上的字写得清楚整齐

(4) 遵守团体决议的事项

(5) 节省零用钱去储蓄

(6) 饭前饭后不做跳绳赛跑等剧烈运动

(7) 有了问题和不明白的功课要问师长同学

(8) 功课要自己做

(9) 言语动作有礼貌

(10) 做事不怕失败

第 八 度

(1) 约了人家一定照约去做

(2) 遇见师长同学要招呼

(3) 爱用国货

(4) 服从同学的劝告

(5) 有了病要听医生的指导

(6) 在光线适宜的地方看书

(7) 有了过失尽力改去

(8) 要预习的功课一定要做

(9) 人家做错了事,规劝他,不讥笑他

(10) 别人托做的事情尽心尽力去做

第 九 度

(1) 知道三民主义的大概

(2) 听从领袖的指导

(3) 整队外出时有忍饥耐渴的习惯

(4) 慰问有病的师长亲友

(5) 爱护公共的自己的图书

(6) 无特别事故不请假,请假必先得师长允许

(7) 随时随地学说国语

(8) 在一个团体里服从多数的意见

(9) 会食时有礼貌

(10) 预算自己的用途,不向别人借钱

第 十 度

(1) 做事先有计划,遇到困难不畏缩

(2) 爱惜借来的东西并且照约归还

(3) 看书要做笔记

(4) 今日事今日毕

(5) 对待朋友诚实和善

(6) 知道民权初步的大概

(7) 每天规定时间自修

(8) 尽力为公众服务

(9) 选举有能力的人

(10) 座位不够时让人家先坐

第 十 一 度

(1) 每天看报留心党国要事

(2) 每天记日记

(3) 读总理遗嘱时要想它的意义

(4) 别人有危险尽力救护

(5) 爱护学校

(6) 辩论的时候态度公正

(7) 对于不妨正课的爱国运动尽力去做

(8) 每天有适度的运动

(9) 能明确表示自己的意见

(10) 利用空闲的时间做有意义的事情

第 十 二 度

(1) 看见新事物留心考察

(2) 自己能寻高尚的娱乐

(3) 礼待来宾或来比赛的团体

(4) 尽力指导低年级同学

(5) 说话做事小心谨慎

(6) 能牺牲小团体的利益,不妨碍大团体的事情

(7) 注重学问和品行去选择朋友

(8) 怜恤残疾的人

(9) 尊重农工

(10) 邻国有灾难能表示同情

实验一小在训育方面采取了积极的行动,训育内容以生活的指导与行为的实践为主。以上条目是根据苏中实小的训练标准,经主编者的实施经

验,参酌本地情形修改而成的。据1933年的视察报告记载,实验一小训导采取学级训导制。中高年级儿童能守纪律,平日上课秩序颇佳,退课也很有纪律,可见各级任教师训练得法,能增加儿童自治的活动会更好。

(3) 教材接近儿童生活

本期的小学课程以儿童为本位,课程内容接近儿童的生活。常识教材中包括了乡土事物,劳作教材则根据儿童的生活事项分类,包括了校事、家事、农事、工艺。

根据《江苏省各县编纂小学乡土教材办法》,小学乡土教材内容应包括关于过去的叙述、关于现在的认识和关于将来的希望。1935年,《金山县教育年报》刊登了《小学乡土教材之编辑》,当期乡土教材的编纂由教育局小学乡土教材编纂委员会依据小学课程标准,搜集材料,拟订要目。分阶段,分年级,分学期,每学期的篇目顺序由教师根据实际需要来用,每篇教材附有研究问题或欣赏练习,以辅佐学习,帮助学生记忆。笔者从小学乡土教材中摘取了部分教材,如下所示:

中 年 级 教 材
47 金山可以游玩么

金山在县城南面大海中,周围有十多里路,高七十丈。山的北面有寒六泉;山上平坡,可容二十人坐;山顶有一座忠烈祠,是祀汉朝宰相霍光的。

元明以来,山上常有海盗盘踞。明代在金山设卫所后,便每年叫武臣率领兵士搜山。后来宁绍地方的渔民,也有的来这里栖泊。

我们倘使要到金山区游玩,便先在金山嘴雇了艘板船,趁落潮时候,顺流而去,若然遇了顺风,大约三小时后,便可以到了。

想:金山在什么地方?

金山上有什么古迹?

明代为什么要搜山?

我们到金山去,要怎样去法?

金山和秦山、查山有什么两样?

(三)"淑新"课程教学方法的演变

随着自学辅导法、分组教学法、设计教学法、道尔顿实验室制等教学方法的引入,江苏地区的教育者们随即开展了各种教学实验,在实践中总结教学的经验,并对这些国外的教学方法进行改造。设计教学法和道尔顿制的实验在江苏的实践较多,有些地区虽然没有大规模的实验,但也吸收了一些实验的方法。当时,江苏的偏远农村地区,五段教学法和复式教学法仍是主流。① 后期,教育者的自主意识增强了,尝试着实验自己的教学方法。陶行知的"生活教育"就是针对当时教学产生的问题以及社会的情况而提出的。"生活教育"包括"生活即教育""社会即学校"和"教学做三合一"。②

据文献记载,实验一小改中心制后,积极改进教学方法,在初级试行设计教学法,而中级以上就采用自学辅导法。各科教学过程,经教导主任拟定后,研究会议通过施行。本期"淑新"课程运用设计教学法的实践较多,现将课程实施方法的应用简述如下:

1. 设计教学法的应用

设计教学法的引入与实践,打破了以往课堂的定式,增强了学生学习的主动性。实验一小在施行设计教学法的过程中,也在不断思考。现将实验一小低年级常识教学实例呈现如下:

朱泾中心小学春季一年级常识教学实例③
——鸡的研究

课前准备了鸡的图画和鸡蛋等,入教室时,儿童们都说:我们今天研究鸡,我先来报告。当时就有许多人争着说:鸡有很美丽的羽毛,很尖的嘴,很红的冠。可他们报告的都很琐碎,没有系统,于是讨论成几个总纲:鸡的形成、鸡的习性、鸡蛋和小鸡、鸡的用处、养鸡的方法、鸡的天敌。请大家讨论。

鸡的种种问题,都讨论得很充分了,我有许多问题,你们能回答吗?这图上的鸡哪只是公鸡?哪只是母鸡?公鸡头上有什么东西?母鸡也有肉瓣肉冠吗?公鸡的羽毛怎样?公鸡母鸡的翅膀怎样?鸡有几只脚?几个趾?怎么生法?鸡的眼睛和嘴是怎样的?蛋里有什么东西?鸡为什么生坚硬的嘴?鸡有翅膀为什么不会飞?公鸡什么时候啼?母鸡到了什么时候啼?母

---

① 张猛猛.民国时期江苏中小学教学工作发展概述[J].江苏教育(教育管理版),2014(08):39.
② 张猛猛.民国时期江苏中小学教学工作发展概述[J].江苏教育(教育管理版),2014(08):40.
③ 朱泾中心小学春季一年级常识教学实例:鸡的研究[J].金山县教育月刊,1931,7(07):20-23.

鸡怎样孵蛋？怎样变成小鸡？鸡喜吃什么东西？到了晚上应该怎样？养鸡有何利益？

我用以上问题，请学生们回答，以便整理他们的思路。

我们关于鸡的故事有吗？那时沈广三讲斗鸡的故事，俞明官讲雄鸡报恩的故事，大家听得淋漓尽致。

最后我提出"先有蛋还是先有鸡"的问题，请大家讨论，那时议论纷纷不知如何解决是好，我说：那是生物学家都不能解答的问题，我提出作为有趣味之谈谈而已。

以上《鸡的研究》一课运用了设计教学法。在教学前，为引起学生的学习兴趣，本课的引入还得提及国语课的《老鹰捉小鸡》，儿童们在那时就要研究鸡的种种问题，于是就定下来常识课讨论。对于以前的儿童来说，鸡是常见的，他们大部分家里都养鸡，于是上课前就约定好了回家去观察，上课再做简明的报告，于是便有了上课一开始的报告。可见儿童们兴趣高涨。其次，儿童和教师一同决定了课堂中要解决的问题。课堂上，他们通过讨论的方式解决了和鸡有关的6个方面的问题，在大家充分讨论过后，老师又提出了需要判断思考的问题，那就需要儿童运用到讨论过的和鸡有关的几个问题的认识来解答。

《鸡的研究》不仅关乎常识，还可以联络到其他的科目，比如算术中的"计算鸡和蛋的价值"，唱歌中的"母鸡和小鸡"，图画中的"画小鸡及蛋"，工作中的"贴鸡蛋""鸡蛋买卖的地方和烹调的方法"。

本期的教师对于设计教学法有自己的总结经验，1924年，《金山县教育月刊》上刊登了一篇有关设计教学法应用的研究文章，其中整理了几个应用设计教学的过程，包括欣赏过程、练习过程、思考过程和建造过程。

欣赏式的设计教学过程是：引起儿童动机，儿童和教师互相决定目的，根据各科教材考查（用耳听、用眼看或用手抄写），最后体味教材。练习式的设计教学过程是：引发动机，确定目的（决定要练习什么以及练习到什么程度），接着制订练习计划，然后按照原定计划实行，最后判断实行的结果是不是和定的目的相符。思考式的设计教学过程是：引起动机，接着决定解决哪几个问题，然后收集资料，再把收集的资料推论成问题的答案，最后验证推论的答案。建造式设计教学过程是：引起动机，确定建造什么，再讨论怎样建造，接着照计划实行，最后评论建造的成果是不是和原目的一致。工艺

科都可用建造过程,体育科可用练习过程,也有科目可以根据教学的内容来选择合适的过程,如下图所示:

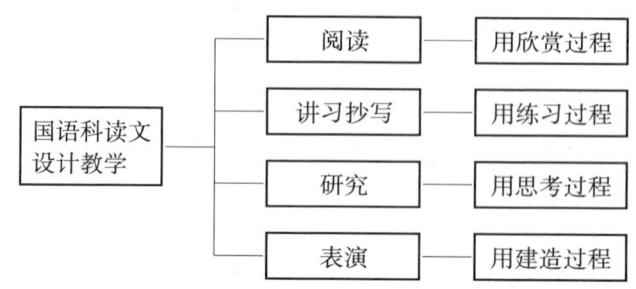

图 2-1　国语科读文设计教学①

本期的教育者在教学实践中灵活应用设计教学法。设计教学法有利也有弊,在实验中,失败是不可避免的,吸收历史经验教训再进行改造与创新,这是本期教育者的实验态度。

2. 其他课程实施方法

教师教,学生听;教师问,学生答,这是最传统的教学法。在教学中,老师们都会感到不能确切地知道学生到底懂不懂。于是,后来的课堂中出现了学生问、教师答的形式。在此形式下,教学的时间不能保证,教材无法联络。教育者就开始自编教材,活用书本,课堂中也以学生为主。在用新方法的同时,也没有丢掉旧方法。

本期的教学中,教师经过课堂实践对某一门科目的教学方法记录了心得,产生了自己的研究。现以国语课为例,简要介绍本期淑新课程中的其他实施方法。

国语科在本期的课程中分数最多,分量最重。在视导报告中,视导员对国语课的教学也提出了更高的要求。1925 年,省视学视察县立第一女子高等小学,指出二年级教员读课文时要注意读音。视察淑新女子初级小学时提到教员指示生字且教笔顺毫不苟且。1933 年,视察朱泾中心小学的报告中,记录了当期课堂内的教学,比如春一国语教员先用问答法讨论课文内容,再出示图说明,教生字读音,然后指名读,分排读练习。秋四作文教师先将现在的校园与过去的校景比较研究,然后命题"我的校园",学生在石板上

---

① 方成章.怎样应用设计教学的过程[J].金山县教育月刊,1924,1(05): 11.

起草。秋三国语教师练习诵读，如果学生有错误，随时订正。在此报告中还对教学提出了明确的建议，关于国语的部分如下：国语课文的生字最好在诵读之后提出质问；作文以不起草为是，命题数量，可以增加几个；低级生字卡片的大小与字样，应改大些；国语文不必讲解，只要深究得透彻，儿童可以领悟，读一句，讲一句，时间太浪费。

教育者们对国语教学的反思日益增多。国语的内容分为说话、读书、作文、写字。当时的教育者认为读书不但要注重理解，更要注意速率。读书的课内教学时间有限，必须增加课外阅读时间，才能提高默读能力。此时，校内的图书馆是儿童课外阅读的一个途径，还有举行阅读会的，在拟定章程后由会长考查阅读情况，每月汇报，督促阅读。说话的教学则要注意运用标准语，有以下几种常用的教学手段：开演说会、表演、报告新闻时事和对话。这些方法都给学生提供了运用语言的环境，让学生在实践中获得语言的发展。写字也是语言的表现形式。当时写字的要求是正确、美观和迅速。写字的教学方法分年级：低年级中，一年级上期从硬笔入手，一年级下期练习软笔，天天练习，不能间断。高年级除了基本练习，还要有应用练习，比如写信。作文要求语句通达，常见的作文教学手段有：练习口头发表（说话有头有尾）、多游览增加作文资料、选择动态的题目、助作（听写仿造、翻译、改造等）、共作（师生合作）、日记、刊行出版物。作文教学手段很多，能够从儿童的生活实际出发，给予儿童发表思想的经历。实验一小所出版的"我们的园地"就是为了鼓励儿童发表自己的文字，其内容分为言论、时事、新闻、常识、故事、笑话、艺术、剧本等十多种，每半个月出版一期，让儿童之间也能彼此观摩学习。

在课程教学中，教材联络、游戏化教学得以重视。算术科的联络，以补充题材为主，使得计算方法能够联络应用。低年级的算术教学寄托于游戏，利用了竞赛、开店演习、想象表演等方法引起儿童兴趣。自然一科的教学和其他科的教材打成一片，高年级注重问题研究，利用适当的教材，让儿童去体验与研究。音乐教学中，一年级用听唱法教学，高年级注重视唱法教学，可以和国语科中的文学、社会科中的民族音乐或劳作中的职业歌曲相联络。美术科的选材以儿童的生活为主，根据儿童的需要及能力实施教学，和劳作、自然、社会等科联络，形成单元教学。劳作也采用大单元教学，将讨论研究和操作调查形成一体。

（四）"淑新"课程评价的特点及成效

评价是课程中的重要一环，它关系着课程目标的落实，代表着课程质量的发展。我国教育评价的起点是教育测验。

20世纪20年代是近代教育测验的引入期，当时受西方测量理论的影响，出现了许多智力测验的编制与实施。比如廖世承的团体智力测验，刘廷芳的中学智力测验、陈鹤琴的图形智力测验等。随着西方智力测验理论的深入传播，越来越多的学者对教育测验积极展开探索与研究，掀起了教育测验运动的高潮。20世纪30年代后，中国测验学会加强了理论研究，使当时的教育测验研究取得了一定的进步。

在探索教育测验研究的背景下，"淑新"课程实施的评价也随着发展变化。当期的学校教育注重学生的测验成绩。为改善小学各科的教学，增进教学效能，1935年金山县教育局发布了各小学各项成绩考核办法，除了行政督导外，学校在行政、教学、训导、实习与生产方面的各项内容都要列入考核之中。其中，学校在呈送学科成绩时要包括全体学生的名单以及作业。由此可见，当时的学科成绩在学校考核中占据着重要的位置。当然，测验不是考查学生的唯一途径，各科的考查方法并不完全相同。当期的课程评价关注老师和学生的共同发展，主要发挥了教师主导的评价作用。综合文献资料，特将本期课程评价的实施及成效小结如下：

1. 课程评价实施落实常态化

本期课程评价的实施贯穿于学期教学中。平时学生的学业考查以教师的主观评价为主。每门学科每项活动至少一周记载一次。在日常考查中，学生的诵读、口答、笔记、练习簿、劳作品、美术品以及行为习惯，是教师重点关注的内容。同时，学校每月还有测验，即月考。日常学习中，教师对学生的练习批阅以及学生的练习格式是有标准的。比如，国语批订需要用红笔，等第或分数记在第一行上；算数中的每次练习需要写明次数；社会、自然等科中的错字要订正。

除了日常书面的评价，关于行为习惯的关注，也是日常评价的一方面。这一时期，国民政府加强了学校的教育管理，对学校训育极其重视。1928年，"金山县小学训育标准之金山好学生"正式出炉，共计一百二十条，作为学校日常训育的内容以及行为习惯评价的标准，每周进行讨论、实行与调查监督。教师根据每周调查结果,在学期结束时,报告学生家长学期内学生做到了的以及未达到的行为状况。

另外,本期课程评价不可忽视的一大力量则是自上而下的督导与视导。在金山教育局的视导报告中,详细记载着视导的目的和方法,对每一所小学的视导都有相关的记录,重点关注了行政、教师的教学、学校训导概况、课卷练习情况。在视导中还会进行抽查测验,最后召集全校教职工开谈话会发布视导意见。

据资料记载,民国二十三年(1934),上学期,县视学员蒋乃型来校视学,其评语是:(1)校舍共分五进,先后添建,支配各室用途颇见经济;(2)各项课卷批改,尚无积压,学业测验,亦能按期举办;(3)各项行政表簿,尚称完备;(4)儿童自治活动,尚能择要指导进行;(5)学生数及学级数能逐步推广,颇见发达;(6)对于区内各校课业竞赛事项能按时举行。

同年下学期,县视学员何焕章来校视学,其视学评语:(1)全校各部均甚整洁;(2)各项会议均能按期举行;(3)生数发达,出席率良好;(4)体育成绩颇为优良;(5)全校分礼仪、廉耻二"乡"合组"区公所",分八部工作,颇见切实;(6)校中多久任教师,教务进行颇为顺利;(7)巡察员用新生活标记,用意甚"善";(8)"我们的园地"按期出版,内容分:言论、课艺、新闻艺术等,材料丰富,文字浅显,颇为儿童欢迎;(9)春五甲组之国语笔记有思考、造句、正字练习、听写、辞句收集及词类认识等,方法有变化;(10)对于区校设备购置,能做到通盘筹划,助其改进。

视学员对学校提出的改进点有:(1)春五甲乙两组及秋四儿童到数均不足额,应设法招至,以符规定;(2)标点符号可在三、四年级开始应用;(3)春二教室座位甚拥挤;(4)校内余地宜充分利用,以培养儿童劳动习惯;(5)儿童自治,既有"区公所"之组织,自宜设一办公处,以利进行;(6)各级周记宜一律标明本周起讫日期;(7)各区校实到数,多不足额,宜协助劝学;(8)各区校之晨会、课间操以及各项考查,类多随便举行,不求实效。视学总评是:"张校长办学有年,人极干练,所聘主任、教师均有相当学养,故校务颇能循轨进行,唯行政设施稍嫌简率,尚望随时加以改进也。"

1935年度第一学期,县视学员蒋承谟对实验一小视学评语:在籍学生714人,实到生数671人。视察意见:(1)学生数、教室数为全县冠,事务之繁可以想见,张校长精神饱满,兼职第一区公续镇镇长,不无分心;(2)李教员勋服务有年,忠实诚挚,深为校长所倚重,其他教员亦多蝉联经久;(3)成绩方面:参加各项竞赛,未能出人头地,教学尚须加以研究检阅;(4)六年级作文簿成绩平平,改笔亦不甚好;(5)学生自治组织采用"保甲制",全校设一"区公所",分两"乡"十四"保","甲"数无定,童子军训练尚属认真;(6)秋四算术课教师缺席。赵教员文清授春一年级音乐,一面奏琴,一面令学生且歌且舞作手势,别饶兴趣,节拍亦符。

2. 课程评价方法走向多样性

本期课程主要通过测验、演说竞赛、师生共同参与的方式进行评价。

成绩考查以测验的形式进行。1931年,学区测验委员会成立。学区内的四年级学生曾举行过测验两次。课程的最终评价以毕业会考为主,各年级测验分期举行,二、三、五年级在上学期测验,四、六年级则在下学期测验。当期考查儿童成绩的方式主要有口问法、调查法、标准测验和客观测验。

口问法应用于平时的考查,调查法用于体育、音乐、美术等不能用普通测验或标准测验来考查成绩的科目。标准测验分为智力和教育。实验一小六年级学生于1933年参加了廖氏团体智力测验。客观测验是应用最广的评价工具,用客观的测验题目来考查儿童各学科的成绩。在客观测验中,常常出现的测验方法有选择法、是非法、填充法、问答法和顺序法。以实验一小常识测验中的题目举例:

是非题:在括号里面用"一"或"十"表示否定或肯定。举例:校中所种花木不可把它攀折(　　　)

填充法:把问题中空缺的地方填充进去。举例:我校名_____小学校

选择法:选择合适的选项。举例:教室中不应该随地吐痰,因为——
1. 吐了痰,要受先生责罚　2. 吐了痰,他人要看样　3. 有碍卫生　4. 室中就要不清洁　5. 违反校中规则

问答法:编制若干的问题,叫学生回答出来。举例:江浙战争两省主战当局是什么人?

在成绩考查中,当期的记分方法也分多种,分别是:(1)百分法(一百为满分,六十分为及格);(2)等第法(甲乙丙丁戊,丙为及格);(3)常态记分法(超点3%,优点22%,中点50%,次点22%,劣点3%);(4)☆△记分法:优

等记☆,中等记○或不记,劣等记△或?(用于行为记载)。毕业会考也是很严格的,金山县第四届小学毕业会考由考试委员会负责监试和阅卷,题目先由各中心校出,再让考试委员会主席整理,考试完毕还做出了详尽的统计。

不同于成绩考查,各项竞赛是不定期举行的。为响应科学教育的思潮,当时的金山县举行了多届"小学自然科实验竞赛",由各校的部分学生参加,在规定时间内完成实验,如第二届的实验题为:物理——电池装置的装置和应用,化学——氯的裂法和性质,生物——蟹的解剖。实验项目通过抽签决定,每一个实验两个人完成。当时学校也注重唤起儿童的兴趣,为了提升他们对民族和乡土的认识,举行"儿童演说竞赛"。演说竞赛分高中低三组,高年级组演讲科学常识,中低年级演讲民族英雄和乡土故事。评判人是当地的相关人士担任,最后评选出个人及团体奖。

在评价方法中,较为特别的一点是师生共同参与评价。《金山县小学教育大纲》中指出训育由老师和学生共同考查记载,提倡让儿童参加一部分考查意见。可见,此评价方法正在走向多样性。

3. 课程考查内容的比较分析

1935年实验一小规定考查科目为:公民训练、卫生、体育、国语、社会、自然、算术、劳作、美术,考查方法有8种,分别是:(1)诵读、讲解、背诵;(2)口答;(3)笔答;(4)检阅笔记;(5)检阅练习本;(6)行为记载;(7)其他成绩记载;(8)测验(月考)。在金山县内,实验一小学生学习质量较高,据记载,当时实验一小毕业生参加县第四届小学毕业会考名列前茅,学生袁功镛名列第一。25名毕业生参加县第七届小学毕业会考,24名学生达到及格,及格生成绩比例为96%,名列第三。1934年,县督学对各地区小学生的礼仪做法进行考核,考查内容为整洁、态度、仪式,实验一小以85分总得分名列第一。

现将两届的小学毕业会考内容比较如下(毕业会考内容见附录一和附录二),以此分析本期成绩考查的价值。

在考查内容上,第四届毕业会考和第七届毕业会考考查的科目均为国语、算术、自然和社会。但其中国语考查的内容已发生了变化。第四届毕业会考的国语内容只有默读测验,而第七届的毕业会考国语这一科的测验中除了默读测验,还有一篇作文,占国语成绩的50%。

在考查形式上,题型基本相同。国语科多采用了选择、改正、填充、问答。第四届毕业会考中还采用了是非式,在第七届毕业会考中,国语的测验中并没有出现是非式的题型,而增加了整理和造句。算术测验均给出了做题的例子,并显示了具体的说明,希望学生做得快,做得正确。自然和社会科测验的形式保持一致,均采用了是非、选择、填充和问答式的题型。

两届毕业会考的记分标准有所不同,第四届毕业会考国语占比 45%,算术 21%,自然和社会各占 17%,第七届毕业会考中国语得分占比 36%(作文和默读测验各 18%),算术 24%,社会 30%,自然 20%。

综合两届的毕业会考来看,当期学生在国语中应多发展"发表思想"的能力。第七届所增的作文题目为:"我的新生活——华北问题的感想",此题注重联系当时的社会实际,给予了学生表达自己思想的机会。第七届社会科的成绩占总成绩之比有大幅拉高,社会科的考查注重时事,不仅是国家民族的知识,还有对于世界的认识,内容精密。考查形式中的"是非式"也值得关注,当时有学者将是非式与选择式和问答式作了比较研究,用客观的形式证明了是非式有不可靠的地方,选择式和问答式更能启发学生的智力,练习他们的思考能力。

(五)"淑新"教师的培训与进修

课程教学的进步离不开教师的自我成长。教学法能够得以实践运用与教师的进修学习是不可分割的。在"淑新"课程建设中,民间组织积极推动了教师的培训。江苏教育会引领着江苏地区的教育改革,通过邀请名家举办演讲报告,出版教育书刊,组织教育培训等宣传教育思想。[①] 江苏教育总会也成立了各种专门研究会,1920 年初,江苏教育总会下组建的推行国语委员会开设了培训班培训国语教员。据记载,民国九年(1920)、民国十二年(1923),学校两次派教员张本清、汤灏、金瑞玉等到苏州、无锡等地学习各地优秀国语教学。

教师进修是自身能力的需要,也是社会对小学教师品质提升的要求。教师教育进修的内容和实际教育是接轨的。民国二十四年(1935),江苏省规定了"本省小学教员进修总目标",共计八条,分别是:小学新生活训练及公民训练的研究与实施、小学生产训练的研究与实施、乡土教材的研究与实施、小学应用教具校具的研究与制作、教育测验统计的研习及应用、医药卫

---

① 胡金平.民国时期江苏中小学教育发展的历史经验与反思[J].江苏教育,2014(08):11.

生知识的补充、国防科学知识的补充、《小学教师》(半月刊)第二卷各期的习作。各级视导人员负责督促教师进修,并由江苏省教育厅择优奖励,鼓励教师以八条目标内容深入实践与研究,提升教育质量。

据《视导报告》记载,金山县小学教师的进修办法有:暑期讲习会听讲、阅读《小学教师》(半月刊)和各中心小学区设巡回文库。1924年,暑期讲习会的内容有:实施设计教学法、心理测验、国语问题、常识教学法、算术教学法、国语会话、复式教学法等。1928年,暑期讲习会探讨了"小学行政及乡村小学实际问题"、三民主义教育、复式教学法、各科测验、民众教育等问题。

教师的进修助力了"淑新"课程教学的发展。他们围绕教育中的实际问题进行学习、研讨、实验与总结,不断提升自己的能力,也提升了实验一小的教学质量。

本期"淑新"课程展现了积极的姿态,在社会变革中,课程不断发展,教育者们在教育宗旨、教育目标的引领下,投入教育实践。从往昔的以教师为本位,到以教材为本位,发展为以儿童为本位。教育者们以批判的精神改进教学,让"淑新"课程呈现了新气象。同时,在本期课程中,民主、科学的教育思想迸发,先进的教学方法得以实践,这都为之后的课程自我改造之路奠定了良好的基础。

三、"淑新"课程的"混沌"与"厘革"(1937—1949)

1937年7月7日,"七七事变"拉开了中国全民抗战的序幕。在此期间,上海境内的许多校舍和文化机关被炸毁,有些还被日军占为军营。战争的发生使教育的正常发展受到不同程度的挫折,也给学校及社会教育造成巨大损失。

抗战以来,教育事业不免陷于停顿状态,后方教育亦在艰苦局面下撑持,"淑新"校舍遭到破坏,学校被迫停办两年。至1939年秋,实验一小复校。

1943年,学校改名为朱泾首席中心小学(又称金山县实验小学),由刘明德任校长。这时的教育带有严重的殖民地性质,但同时,现代教育冲击了我国的传统教育,推动了西方文化的输入,促进了近代教育的发展。当时学校教学工作、管理工作也尚好,被评为"甲等"学校。

1945年抗战胜利,河山重光,实验一小改名为西林中心小学,由汤定章任校长。

1946年秋,校长汤定章离任,由姚景棋继任校长。次年,由联合国善后救济总署苏宁分署拨款建造校舍一幢,计有五小间。

1947年,西林中心小学更名为朱泾镇第一国民中心小学,由吴洁生任校长。

民国时期,学校经过37年发展,教师人数大增。1949年5月,朱泾解放,当时中心校本部有33名教职员工,全部留用。解放以前,教师主要是招聘社会上有一定文化知识的人担任,少部分由师范毕业生留校任教。

1949年新中国成立以后,实验一小学生秉承"勤朴"二字,不仅是学业成绩,在其他各方面都取得了累累硕果。

(一)"淑新"课程标准的混沌与重建

1. 前期"淑新"课程标准的暂行

本时期因积极推行义务教育,教育部曾于1935年颁布《一年制短期小学暂行课程标准》,并于1937年颁布《二年制短期小学暂行规程》,旨在使全国学龄儿童在义务教育实施期间接受一年和二年短期小学教育。

(1)《一年制短期小学课程》目标

《一年制短期小学课程》讲授公民道德,养成其国民必需的道德习惯;讲授卫生常识,养成必需的卫生习惯;授以本国的历史、地理和公民常识,帮助认识个人与社会国家的关系,并养成健全的民族意识;授以自然界的常识,知道自然界与人类日常生活的关系;使儿童识字约1 400个,并阅读浅易的语体文;使儿童能写作信件、日记等日常使用的语体文;使儿童能运用注音符号,阅读浅易的语体文,并在可能范围内听国语、说国语,以达到语言趋向统一的目的。

(2)《二年制短期小学课程》目标

二年制短期小学教育遵照《实施义务教育暂行办法大纲施行细则》第三条之规定,以"切合实际生活之需要,并应注重民族意识与国家观念之养成"为主旨。目标见下:培养国民应具之善良品性;养成人生必须之卫生习惯;养成爱护国家观念与复兴民族意识;养成生活所必需之基本知识及技能;养成劳动精神与审美兴趣。

二年制短期课程较一年制,提到了"审美兴趣"并将其作为目标之一,实为对美育的重视。

但本时期属抗战期间,金山地区亦受战事影响,淑新校舍也遭到破坏。本期课程是否落实到实验一小,无从得知。

2. 本期"淑新"课程标准的变革

1942年课标中指出小学课程应遵照《小学法》第一条的规定,注重发展儿童身心,培养国民道德、民族意识及生活所必需的基本知识技能,并以养成修己、善群、爱国的公民为目的。与1936年小学课程标准修订的目标相比,在"培养国民道德"这项目标下,删去了原有的"发展审美及善用休闲的兴趣和能力",而将"培养公德及私德"修改成"培养我国固有道德",这是最大的变更之处。

而1948年小学课标中明确:小学要遵照国民学校法第一条"注重国民道德之培养及身心健康之训练,并授以生活必需之基本认识技能"的规定,在课程中分别实施。为便于明了起见,把条文内容分析如下:关于国民道德之培养——发展中国民族固有的国民道德,培养爱国意识和大同理想;关于身心健康之训练——锻炼强健的体格,培养康荣的习性;关于授予生活必需之基本知识技能——增进理解、运用书数和科学的基本知识技能,训练劳动生产和有关职业的基本知识技能。①

1942年颁布的《小学课程修订标准》与1948年颁布的《小学课程二次修订标准》是两次连贯的变革,较1932年颁布的《小学课程标准总纲》相比,在主旨上没有大的变更,围绕儿童德智体三方面的发展而展开。

(二)"淑新"课程内容的演变与特色

1. 混沌期的"淑新"课程内容

教育为立国之本。清朝末年,中国的义务教育便已发轫。《一年制短期小学暂行课程标准》与《二年制短期小学暂行规程》便是义务教育推行的成果。

其中,《一年制短期小学课程》以国语(包括常识、读书、作文、写字为作

---

① 法规:二年制短期小学暂行规程[J].如皋教育月刊,1937(16-17):20-22.

业)、算术(包含心算、笔算、珠笔)为基础,以公民训练(即早前的"修身"课程)和课间操为辅,供九足岁至十二足岁儿童一年间教育所用。时间分配见下表:

表2-21 《一年制短期小学课程》(1935)

科 目	国语	作文	写字	算术	公民训练	课间操
每周教学节数	12	2	4	6	6	6
每节教学分钟数	45	30	30	30	15	15
每周共计教学分钟数	540	60	120	180	90	90

由上表可见,一年制短期小学课程中"国语"所占课时比重之大,且"作文""写字"也包括在"国语"科中,为作业内容,但单列出课程时间,其课上课下占时比例较大。

而《二年制短期小学课程》中,课程较《一年制》稍有变化,如不单独设"课间操","常识"科不再并于"国语"科,另增加了"唱游""工作"两科;分配时间也有所改动。具体见下表:

表2-22 《二年制短期小学课程》(1937)

分钟\科目\年级	公民训练	国语			常识	算术	工作	唱游
		读书	作文	写字				
第一年	60	450	60	90	180	180	60	120
第二年	60	450	90	90	180	210	90	120

公民训练重在日常的个别训练;每日课后有可支配的自习及课外运动时间,但不超过60分钟;各科目的教学时间以30分钟一节课为基本原则,个别科目视性质延长到45分钟或60分钟。

2. 混沌期的"淑新"课程特色

1938年10月,督办公署命令施行《小学暂行规程》,规定小学为实行国民义务教育之场所,应对小学生实施下列训练:灌输儿童"大道精神";养成儿童崇德观念;培育儿童健康体格;陶冶儿童良好品性;发展儿童审美兴趣;增进儿童生活知能;训练儿童劳动习惯;启发儿童科学思想。[1]

---

[1] 上海市档案馆.日伪上海市政府[M].北京:档案出版社,1986:820-821.

因三民主义这一中心思想的确立,本时期的"淑新"课程均能配合该时期的教育宗旨,且与小学教育目标有着密切的联系。

(1) 注重公民教育

本时期对儿童的训育不再只是单纯的知识灌输,而是更注重培养儿童的良好习惯,"公民训练"一科的意义便在此。《小学公民训练标准》公布后,儿童的理想信念、观念培养、习惯能力成为训育实施的主要方向。当然,目标的达成并不仅仅依靠"公民训练"一科,而是将其融入各科教学中。比如"劳作"科养成儿童互助、合作的精神以及劳动的身手;"体育"科重在培养儿童形成吃苦耐劳、勇敢敏捷的精神等。

(2) 接近儿童生活

本期课程尊重"儿童本位之教育",课程内容的安排上更贴近儿童的生活。

首先,"各种集团活动每周时间分数表"列于本时期课程标准总纲的作业范围内,课程学习不仅限于科目教学,还包含了课外活动,贴近儿童生活。其次,在内容上,课程取材自儿童生活。如常识教材中选择乡土事物,劳作教材依儿童的生活事项分类等。

(3) 关注学习心理

关注学习心理是本期课程的一大特点,主要体现在:科目的减少与合并,如低年级的教学科目只合并为国语、常识、算术、工作、唱游五种,中高年级再逐渐分化,有七科至八科;此外,学校关注到儿童身心发展,各年级的总时数均已酌量减少。

(4) 提倡劳动生产

暂行标准公布时,小学课程已扩大工艺范围,改称"工作科",在公布施行的标准中,改称"劳作"。劳作科的教材分校事、家事、农事、工艺等项,注重生活资源的调查研究与制作运用,尤为注意劳作活动的生产价值。

(5) 指示教学方法

课程标准中有了教学方法的指示,教师在教学过程中有了大方向的把控,更注重儿童的活动和自学,在原则上至少不会大错。

3. 厘革期的"淑新"课程内容

本时期经历了1942年和1948年两次课程标准的修订。

1942年课标修订的内容以培养国民健全的身心、善良的德行、必需的知能、审美的情感、劳动的身手为范围。① 课程设置较前期更加细化。除了基础学科"国语"和"算术"及前期固有的"团体训练",将"常识"科拓展,包括"自然"和"社会",其中"社会"科又包括"公民""历史""地理"三部分。此外,还增加了"图画"科,"劳作"科即前期的"工作"科。具体课时分配如下:

表 2-23　教育部修订《小学课程标准》(1942)

年级	时间\科目	团体训练	音乐	体育	国语	算术	常识				图画	劳作
							自然	社会				
								公民	历史	地理		
低年级	一年级	120	60	120	420	60	150				60	90
	二年级					150						
中年级	三年级	120	90	120	450	180	180				60	90
	四年级			150		210						
高年级	五年级 六年级	120	90	180	450	210	30	90	60	120	60	90

由上表可知,该时期课程内容的重点依旧在基础学科,其中"国语"科占比较大,"团体训练"科包括了训育和卫生训练两部分,故时间较前期相比也有所增加。从时间分配上来看,依旧以 30 分钟一节课为原则,视科目性质,或延长到 45 分钟或 60 分钟,或缩短至 15 分钟或 20 分钟。

此外,还有各类课外集团活动的安排。低年级每周 180 分钟,中年级和高年级每周分别有 270 分钟和 360 分钟的集团活动时间。其中,朝会、周会、课外运动等都包括在内。但各类活动时间依据地方情形,酌情增减;且活动内容也需依据各校实际情况及儿童的能力来设置。

1948 年小学课程标准的修订中,小学学科根据国民学校及中心国民学校规则第五条的规定,分为公民训练、音乐、体育、国语、算术、社会、自然、美术、劳作九科,各学科分合教学的时间以及课外集团活动时间的分配如下表:

---

① 陈侠.近代中国小学课程演变史[M].福建:福建教育出版社,2007:79.

表 2-24　教育部修订《小学课程标准》(1948)

年级\科目	公民训练	音乐体育		国语				算术	自然	社会			美术	劳作	课外集团活动
		唱歌游戏		说话	读书	作文	写字			历史	地理	公民	工作		
										常识					
低年级（第一学年/第二学年）	120	180		420					150				180		120
中年级（第三学年/第四学年）	150	90	120	450				180 / 210		150			60	90	180
高年级（第五学年/第六学年）	150	90	150	450				210	150	120			60	90	180

说明：表内所列的时间为每周各科教学时间，总时间用分钟为单位。公民训练时间和早操、朝会的时间联合配成 30 分钟一节（例如早操朝会估 10 分，公民训练估 20 分）；算术时间，低年级只在各科中随机教学，不列时间，从中年级起开始规定时间正式教学，从四年级起每周包括珠算教学的时间 60 分钟；朝会或晚会每天以 10 分钟为度，周会每周一次，以 30 分钟到 60 分钟为度，课外运动每次 30 分钟为度，其余可以由各地方各学校自行规定平均分配，各校也可以照表列的时间酌量加减。

表内所列的时间是便于全日教学的，二部编制的学校每周教学时间可以由各地方教育行政机关酌量减少，但上课时间不得少于规定时间的 2/3，并且要专案呈请上级教育行政机关核准备案。

4. 厘革期的"淑新"课程特色

本时期小学课程的变动虽不大,变更要点从形式、内容和全部标准的规定中可以见得,主要体现在科目名称、科目设置、教材纲目、教学时间和各科标准这几个方面,但仍有该时期的显著特色。

(1) 配合"三育并进"的方针

该时期的小学课程分为德智体三块。团体训练及音乐等属于道德行为方面的课程;体育及卫生训练属于身体训练方面的课程;国语、算术、常识、图画、劳作等属于知识技能方面的课程。这种分类是力求配合"三育并进"的教育方针而产生的。这三类课程分别从道德与习惯、体格与健康、知识与技能角度出发,旨在培养儿童成为全面发展的好少年。

(2) 审定教科用书

当教育部禁止小学教科书用文言文编辑后,上海的大书坊一方面编辑语体文教科书以迎合新潮流,另一方面还印文言文教科书以适应部分需要。到了本时期,政府对教科书的审定更为严格,文言文的小学教科书不再出版了。

(三)"淑新"课程教学方式的特点

在抗战的时代大背景下,我国教育也面临着新的挑战和考验。新教学方法曾或多或少地试行于旧中国时期,但外来引进的教育学理论一定程度上不能解决我国教育的本土化问题,所以这一时期的教育向着本土化方向迈进。在前期学习国外教育学的基础上,中国的教育学者开始探寻中国本土教育学的路径,这一时期被称为教学研究的"本土化改造期"。①

1. 实验一小各科教学方法的探索

抗战初期,实验一小校舍遭到破坏,复校后,由姚维善担任校长。据《金山县教育季刊》记载,姚校长于1942年发表了关于实验一小现时实况及辅导小学教育计划②的文章,其中对学校各科的教学方法作了详细的描述,展示了当时的探索。具体见下:

实验一小教学方法,初级采取设计教学法,高级采用自学辅导主义,各科教学皆编有过程,其算术科,每节提出5分钟,练习心算。低级利用教具,

---

① 侯怀银,王玲玲.民国时期的"教学"研究[J].河北师范大学学报(教育科学版),2019,21(5):38.

② 姚维善.我校现时实况及辅导小学教育计划[J].金山县教育季刊,1942(1):1-4.

多采游戏法。常识科,注重实现教学。国语科话法,注重演讲故事或表演,或彼此对白。讲法注重伦理的。生字难词,多反复练习,作法除命题自作外尚有助作法,如听写、仿造、词句重组、填字、联句等,而中高级且有日记周记,每周并出版园地,鼓励儿童自由发表之兴趣。写法高级临帖,中低级自编教材,以已经读过之字,编成有意义之句子,使之习写,习字时注意坐及执笔等姿势。中高级大小楷并重,高级且作行书及写信之练习。史地科注重制图列表,及追究想象等,并讨论时事。美术注重写生画、自由画及图案画等。劳作注重实用,如自制玩具、教具、模型和日用品等,并重分工合作。音乐科,多采用与常识公民联络之教材,并注重发扬民气,鼓励忠爱精神。体育低级多教游戏,中高级用三段教材,行进操法游戏并重。唯童子军教育,以经费关系,未经举办。

2. 各科融合的教学探索实践

这一时期,学者们在学习外来教学方法的同时,亦在摸索适合本国本地区儿童学习的方法。演绎法、归纳法、设计法等成为这一阶段的主要教学方法,这些方法一般运用于课堂教学中。罗廷光在《普通教学法》中把"学习及教学法"这一章节分为五课:习惯的养成——反复练习;思想的训练——解决问题;发展欣赏的教学法;发表观念的教学法;温习。[①] 可见,教学观念在一定程度上发生了转变,从关注教师向关注学生迁移,从关注教到以学生和学生的学习为中心,"学生本位"在此有所体现。此外,教学目标的实现不仅仅靠单一学科,而是各科互相融合,以"全学科"形式呈现。

在《江苏教育(苏州1940)》期刊上,登载一篇《小学低年级的美术怎样教学》[②]的文章,其中有一篇低段美术课案例,现将其繁体字文章翻译如下:

① 教材:小麻雀　② 时间:六十分二节

③ 动机:一个阴沉沉的天气,许多麻雀集合在庭中梧桐树上,飞,跳,叫,吵,闹个不休,打破了上课时寂静的空气,引动儿童的小心灵,乌溜溜的眼睛,一齐出神地注意着庭中树上的小麻雀。"今天我们来作什么画?"经我一问,小朋友的目光转移向我,举着肥白的小手说:"我们来画麻雀。"大家一致赞成,没有异议。

---

① 罗廷光.普通教学法[M].上海:商务印书馆,1927.
② 张静霞.小学低年级的美术怎样教学:教学要点,实例及测验方法等[J].江苏教育(苏州1940),1941(6):67-70.

④ 各科联络：

常识——讨论麻雀的形体及生活。（暗示画法）

美术——依据麻雀的形体生活作画。（画起来可由儿童自由发表，有时或加以指导）。

写字——画好了图，写上自己的名字及图名。

作文——描写图画的神情及实际情况，用共作法写成一篇或数篇文字。

欣赏——收集儿童作品，共同批评，选择优良的揭示于教室中。

附作文二则：

小麻雀，吃白米，吃饱了肚皮，齐向空中飞。（其一）

小麻雀，在庭中，飞到西来又到东，看你怎样挨过这寒冬。（其二）

阅读——把做好的文字，用美读法反复吟读着。

表演——最后体味文字的神情表演之。

这节课显然是"意外之喜"，窗外的"不速之客"竟成了课堂上的"主角"，孩子们也欣然接纳它。作为一节美术课，它并不单单强调美术的特点，而是将其他科目融于其中，科目与科目之间存在着不可分割的联系，各科融合以实现教学目标。美术课旨在教学生学会观察，学会记录，这节课做到了这点，且将其延伸至其他学科，培养了儿童的审美情趣，课堂的中心也落到了学生身上，体现了"学生本位"。

这是一次有目的的活动，学生在课堂上以热忱的态度投入其中，在教师的组织和指导下，以一定的方法和步骤有序进行活动。在此过程中，学生是有所习得的。这也正是设计教学法的体现。

可见此时江苏省某小学已在课堂上运用学科融合的方法促进教学，可知当时江苏地区也已逐步推行这种方法，各校与各校交流联络时定能相互学习，各小学从而依据实验一小实际情况在各学科教学中尝试融汇运用。

（四）本期"淑新"课程评价方法

为提高教师教育教学质量，江苏省教育厅第一届初等教育人员暑期讲习会①于 1940 年召开并公布成绩考查规程：

---

① 江苏省教育厅第一届初等教育人员暑期讲习会成绩考查规程[J].江苏教育（苏州1940），1941,3(1): 66-67.

第一条　各科成绩考查分平时考查与结束考试两种

第二条　平时考查于平日批阅笔记簿时评定成绩，结束考试于原科目讲习结束举行之

第三条　各科结束考试方式及试题数量得视各科讲习时数之多寡由讲师决定之

第四条　核算各科成绩应参合平时考查与结束考试两项分数以三与七之比率为原则

第五条　成绩考查计分用百分法，一百分为满分，六十分为及格，六十分以下者为不及格

第六条　评定成绩分下列各等

　　　　　甲等——八十分以上
　　　　　乙等——七十分以上
　　　　　丙等——六十分以上
　　　　　丁等——五十分以上
　　　　　戊等——五十分以下

第七条　成绩总平均计算方法以各科分数乘各该科时数总加后以总时数除之

第八条　各科结束考试成绩须于考试完毕后二日内由担任讲师评定填具分数单送交教导股核算

第九条　各学员每科缺席时数（除有特殊情形经核准者外）如超过讲习时数三分之一以上或旷课五分之一以上者均不得参与考试

第十条　各学员缺席每六小时或旷课每三小时各扣总平均分数一分

第十一条　总成绩等第列入丁等或不及格学科满三种者概不给予及格证书

第十二条　临时因病或有特殊事故不能参与考试经请求核准者得于行休业式前申请补考

教学工作中，教师的力量和作用不容小觑，江苏省教育厅对此尤为重视，通过开展暑期讲习会的形式给教育人员提供学习的平台，并采用严格的考核制度予以测评。在这样的制度标准下，"淑新"教育工作者也能得到教学能力的提高。

读书教学中最终的过程是欣赏与练习，小学中的文字练习与考查在语

文教学中尤为重要。笔者在查阅资料的过程中找到了《江苏教育（苏州1940）》中记载的省立苏州实小在文字练习方面的考查方法，①现将其繁体字文章翻译如下：

原考查的分类有二种：一是诊断考查，二是成绩考查。前者的功用是在考查儿童的缺陷，以准备矫正练习，后者的功用是在测验儿童的学习练习程度，以评断其优劣，而借以刺激督促儿童努力学习与练习，同时亦为考查学校行政成绩，以为改进设施教学的张本。诊断考查的材料要分析得精细，然后可以测验出儿童的缺陷，成绩考查的材料要选择有代表性者。可以测知儿童一般能力者。诊断考查无定时，视教学中需要而举行。成绩考查应分随时的与定时的两种。定时考查大概每四星期考查一次，每一学期总考查一次。读书考查的种类以内容分：有速度，理解，字汇三种；以方法分：有标准的与非标准的两项，现先述内容方面的考查方法：

1. 速度考查

可取一种适合儿童程度的读材（要未读过的）令儿童默读。大概读得最慢的需五分钟至十分钟能读完该材料。开始测验后，教师用时计记好时间，到一分钟时，教师在黑板上写"1"记号或用硬纸预先写成卡片，揭示。到一分半时写"1'30"，这样每半分钟揭示一时间，每一个儿童读完该材料后，即看教师的最后揭示的时间，记在材料角上（预先告知记时间地方），而掩卷。测验完毕统计儿童的每分钟所能读字数。每隔四星期举行一次，以测验比较儿童的进步率。行使此法，要先训练儿童志愿测验自己阅读能力，勿作诈伪以自欺。还有同时有测验问题的，用选择法或是非法，则可根据答案统计其阅读有效字数，其计算方法公式如下：

$$\frac{每分钟阅读字数 \times 实在做对题数}{应该做对的题数} = 每分钟阅读的有效字数$$

2. 理解考查　　方法有三种

A. 理解内容的考查

如前速率考查法而有问题考察的，可参考默读标准测验。

B. 理解形式的考查

---

① 金润青.小学读书新教学法概要（续）[J].江苏教育（苏州1940），1941(6)：18-24.

这种考查的意义就是考查儿童对于文字的形式——如文法等是否领悟。例:

1."并且"两字是一个:(1)名词　(2)联词
　　　　　　　　(3)介词　(4)动词……(　　)

2."如果"的口气是:(1)反问　(2)断定
　　　　　　　　(3)假设　(4)不定……(　　)

C. 理解词义的考查,例:

1."点缀"是讲(1)悬挂　(2)装饰　(3)化装　(4)模仿……(　　)

2."五花八门"是讲(1)花样很多　(2)计策很多
　　　　　　　　(3)事情很多　(4)说话很多……(　　)

D. 把上法改为填出解释法不用选择法。

3. 识字考查

分默字典认识二种:默字考查法,即把读过的字由教师依次念出来,同时要讲出意义,令儿童默出来;认字考查方法很多,举例如下:

A. 看图识字　左边画一个实物,右边写四个字,令儿童把字和图像对应的圈出来。例:

　　花　　根　　茎　　叶

A. 看字对图　左边写一字,右边画四个图,令儿童把和字相对应的图圈出来。

B. 选择认字　例(一)写一个字,嵌在四个形象像字而实不是字中,令儿童检出来(参考陈氏初小默读标准测验)。例(二)把一个读过的字嵌在四个未读过字中,教师念出那个熟字,令儿童圈出来。

C. 填充选择法　例如下式,在右面四个字中圈选一个字可填成左面的词。

1. 恐(　　)　　　泣,忧,骇,怕
2. (　　)服　　　舍,倍,啥,舒
3. (　　)新年　　贾,贺,赘,赞

D. 正误考查法　例如一句句子中错误一字,把正的写出来。

1. 请喝茶……………………（　　）

内容考查方法很多，以上不过举些例子罢了。至于标准测验旧的有前中华教育改进社之初小及小学默读测验各甲乙丙类，小学默字测验甲乙丙类，新的有艾氏小学国语默读测验低中高三组，每组有二类，中华书局出版，至于识字标准测验尚未见有造成的。标准测验以考查儿童真实读书能力，比非标准的价值自要大得多。惜国人未能多多的创造，以供小学应用。

由上述省立苏州实小在文字练习方面的考查方法可知，小学阶段对于文字练习方面的考查涉及方法较多，考查形式也呈现多样化的特点。

（五）多种措施的教师在职培训

新课程的实施对教师的要求更高，可以往的师资训练多半是应急需要，不免有粗制滥造之嫌。为了鼓励教师提高教育兴趣、充实教育知识、增进教育效率，本时期采用教育行政的力量来督导教师进修。

首先，在《小学规程》中特列"辅导研究"专章，规定"小学教员应参加实验一小及本地关于教育研究之组织，又研究儿童生活所表现之事实及教育方法"[①]及各省、各县市、各学区、各校和全国小学教育研究会之组织。

其次，教育厅也有辅导教师进修的定期刊物出版，如江苏省的《小学教师（半月刊）》以辅导小学教师进修为主要任务，所以在职小学教师的服务兴趣与效率与时俱进，这对小学课程的实施是有所帮助的。

据记载，1946 年实验一小组织教师参加全县小学教师暑期培训，这种暑期教师培训延至 1948 年。

笔者在搜集资料的过程中，从 1937 年《江苏省小学教师》（半月刊）中发现一篇省立如皋师范小学教师进修实况报告。[②] 报告中说到，实验一小教师进修范围侧重在教育理论和实际问题上。现将进修工作繁体字原文翻译如下：

进修的工作分为读书、参观及研究三种。

① 读书

---

① 见《小学规程》第九十四条，《修正小学规程》第八十二条。
② 陈镇恶.播音讲稿：省立如皋师范小学教师进修实况报告[J].江苏省《小学教师》（半月刊），1937,4(20):22-25.

读书包括书籍的选择和读书的方法。书籍的选择是要适合以下的标准:与实际行政有关的书籍、与实际教学有关的书籍、与实际训育有关的书籍、与实际设备有关的书籍、与辅导地方小学有关的书籍、与其他教育问题有关的书籍。

读书的方法有三项说:分组读书、读书笔记和限期报告。

E. 分组读书

全校教师共分6组,就是训导组、教材及教学法组、课程组、行政组、测验统计组和心理学组。这样每组内的教师都有共同研究的机会。

B. 读书笔记

教师阅读以后都要有读书笔记,读书笔记的内容,除记述书中的大意外,侧重自己的感想。如这本书的内容完备与否,有多少优点和劣点,都有意见或批评,如此,读了这本书才有相当的心得。

C. 限期报告

由研究处预先制定读书分析报告,根据书籍性质的难易、内容的多寡而规定阅读的时期,督促教师按时阅读,阅读完毕后并发表报告。

② 参观

参观的对象分校内参观和校外参观两种。校内参观是参观校内各教师的教学,校外参观是赴外埠有名的小学参观。

校外参观是预先组织参观团出发参观,而校内参观的方法有定期参观和自由参观两种。定期参观由校务处预先指定时间、年级、科目,由担任教师实施教学,通知其他同人一律前往参观;自由参观是指实验一小全体教职员不定期地自由联合数人或个人参观他人教学。

本课参观以后都应有记载,将被参观者的优点、商榷意见录入意见纸,交给被参观者,互相研究,以谋方法的改进。

③ 研究

研究的范围分下列各项:有关小学行政的实际问题,如编级和功课支配等;有关小学教学方法的实际问题,如自学辅导的方法和设计过程的运用等;有关小学训育的实际问题,如顽劣儿童的训练等;有关小学设备的实际问题,如学校教学健康应有的设备等;有关地方小学重要的实际问题,如招生和收费的方法等。

研究的步骤可分下列几项:预先征集研究问题→实查研究问题并预先

公布→印发问题的研究要点→研究者个别从事研究→定期开会共谋问题之解决→将研究结果从事实验,以验结果的可靠性→将研究所得草拟报告供大众研究。

研究的方法分四种:小组研究、集会研究、循环研究和通信研究。小组研究是不拘形式的,不论何时何地,只要感觉到有研究价值的问题可以两人或三人共同设法研究;集会研究是利用各种研究会的时间,把所要研究的问题提出来共同讨论。循环研究就是将预定的问题由各研究会主席预先公布,分期由各教师轮流签注意见,最后由研究会主席分别整理。通信研究就是一面向外埠各小学征集研究问题,一面报告实验一小对于各问题研究的结果,以便交互研究协商解决的办法。

根据上面的进修工作,学校实施了下列进修活动。

① 读书会

我们的读书会是每月举行一次,开会的时候一面由各人报告读书的心得,一面讨论读书时所发现的困难问题。我们已开会几次,深深觉得益处很大,从这里我们感觉教育事业的确不能漠视了理论的基础,实在健全的理论应该在实施时发生效用,合理的设施,也应以健全的理论作根据。

② 教学观摩讨论会

这是我们参观教学以后所举行的一次集会,每周举行一次。开会的时候先由教者自陈,然后由参观的教师轮流发表意见:有关于钦佩部分的,有关于商榷部分的,并提出许多小问题加以讨论。开会的时候全场空气异常紧张,从这里我们不知发现许多教育的原理,获得了许多教育上适宜的方法,增进了许多教育的技能。这的确是我们实验一小极有价值的机会,也就可说是实验一小进修的精神所在。

③ 座谈会

实验一小各种研究会是采取座谈会的形式:属于各阶段的有高阶段座谈会、低阶段座谈会、中阶段座谈会、复试阶段座谈会;分科的有国语教学座谈会、算术教学座谈会、常识教学座谈会、工作教学座谈会、音乐教学座谈会、体育教学座谈会。各种座谈会都是每两周开会一次,每次开会时预先确定一个或两个中心问题,由实验一小同人尽量发表意见,个人都根据平日自己的经验发表具体的解决方法。有时为了一个问题,各人因为意见不一,可发生极大的辩论,最后由主席加以归纳整理。所以每次座谈的结果,都获得了许多教育原则,能改进自己的教育方法,而提高自己教育研究的兴趣。

④ 标准语研究会

这是我们为研究标准语而组织的一种集会。因为我们觉得教师的语言也是教学技术上一重大的基础,我们要使国语统一并谋教学技能的增进,也不得不研究标准语,所以就组织了这一种集会。本会每星期开会一次,由全校教师轮流主席,开会前先由主席编定讲义,至开会时分发,以后由主席倡导练习,练习娴熟后,得由主席指定会员登台讲演,或命题分组辩论,所以每次开会的精神很好,到现在全校教师讲话时就没有一个带土音土语的,技能也得着极大的进步了。

省立如皋师范小学在教师进修问题上尤为重视,且已成一套自有的进修方法,进修工作的开展有条不紊,定期落实。学校的进修体系已较为完善,进修氛围良好,教师在这样的进修活动中思考、研究、辩论,必然能得到较大的提升。

该校是当时江苏地区的示范学校,有一定的引领作用。在这样的风气下,实验一小和其他学校必然也在教学联络中寻求适合实验一小的教师进修方法并合理效仿,以提高实验一小教师的教学水平和自身素质。

总体来看,民国时期的教育,不论学校规模、教育思想、教育制度、学校管理、教学方法都有较大发展。除了本土化教学,国外的有效经验对我们也尤为重要。教育者们在学习他国教育经验的同时,也在努力寻求适合本国本区实验一小的方法并应用于教学工作中。

第三章 "淑新"课程的重构与适应阶段(1949—1958)

一、苏联教育体制影响下的课程借鉴

1949年10月1日,中华人民共和国成立。此时,经过了14年抗战和3年内战的新中国百废待兴。全国教育因为战争受到了一定程度的影响。1949年12月23日到31日,教育部召开了新中国第一次全国教育工作会议,制定了全国教育工作的系列指导方针,主要包括"教育为工农服务,为生产建设服务","新中国的教育建设要以老解放区教育经验为基础,吸收旧教育某些有用的经验,特别要借助苏联教育建设的先进经验"等。① 就此,新中国开始了改旧学俄的教育改革。

(一)苏联教育体制的历史背景

经历了十月革命后的苏联教育,从1917年到1929年进行了苏维埃政权初期教育改革。苏联共产党非常重视发展教育,即使在战争期间,苏联政府也依旧发展和加强教育。第二次世界大战后,苏联教育快速恢复并发展。翻倍投入的教育经费,不仅保证了教育的发展,还从普及四年制义务教育改为普及七年制义务教育。

苏联教育的教育学理论。1949年11月14日,《人民日报》第一次发表了凯洛夫1948年版《教育学》第二十一章《国民教育制度》的节选译文。后面的几个月中又对《教育学》部分章节进行了翻译刊发,对凯洛夫的教育理

---

① 刘巧利.70年:新中国基础教育发展大事记(1949—2019年)[J].中小学管理,2019(09):9-13.

论大力推崇。

有了前面国家颁布的学习苏联的教育方针,加上凯洛夫《教育学》的推广,国内的教育界掀起学习苏联教育学热。由凯洛夫主编,沈颖、南致善等译的《教育学》经两次修订翻译,分上、下两册,在中国大量出版。不仅如此,有些高等师范类院校将《教育学》确定为教学用书。① 《教育学》译本在中国正式发行后,据不完全统计,其新旧版本总计印数50万册。《教育学》用马克思主义立场、观点和方法论阐述教育问题,揭示教育本质,十分重视基础知识、基本技能的教学。

1950年开始,苏联专家、教育学学者来到中国传授教育经验,帮助中国进行教育建设。包括凯洛夫也在1956年来访中国,将学习《教育学》热再次推到高潮。

通过凯洛夫的《教育学》和专家学者的解读,可见他对教育的一些基本理论和观点。他认为:"我们的普通教育和综合技术教育理论是从培养全面发展的人这一个目的和任务出发的,是从学校教育应该使学生具有一定的系统的知识、技能和技巧,同时应该保证学生认识能力的发展出发的。"②(P131)

(1) 教学原则

凯洛夫在书中总结明确了六条教学原则:直观性原则、理论与实际相结合原则、系统性和连贯性原则、可接受性原则、学生掌握知识的自觉性和积极性原则和巩固性原则。我国中小学常用的教学原则体系也是在这六条教学原则基础上发展而来的:① 直观性原则(实物直观、模型直观、语言直观);② 启发性原则;③ 系统性原则(循序渐进原则);④ 巩固性原则;⑤ 量力性原则(可接受性原则);⑥ 思想性与科学性统一的原则;⑦ 理论联系实际原则;⑧ 因材施教原则。

(2) 教学思想

凯洛夫在书中提出了"三中心论"教学思想,即教学要以"教师、教材、课堂"为中心:强调教师在教学中的主导作用;学校教育以教学为中心,重视书本知识和系统的科学基础知识的教学;坚持以课堂教学、班级授课为教学的基本组织形式。

---

① 瞿葆奎.中国教育学百年(中)[J].教育研究,1999(01):3-5.
② [苏]凯洛夫.教育学[M].陈侠,等译.北京:人民教育出版社,1957.

凯洛夫还在书中总结提出了五环节教学,与之前赫尔巴特派的五阶段教学有所不同。赫尔巴特派创设的五阶段教学法为:预备(复习旧课,联系新课)、揭示(说明目的)、比较(新旧知识建立联系)、概括(归纳总结)、应用(运用新知进行练习)。凯洛夫提出的五环节教学法为:组织教学、复习旧课、讲授新课、巩固新课、布置作业。这两个教学法的教学模式最早对于知识传授的准确性、强化学生记忆具有一定的意义,对中国的课堂教学模式有一定的影响。

(3) 基本构成

在凯洛夫的《教育学》一书中确定教育的基本构成是:"1. 智育;2. 综合技术教育;3. 德育或共产主义道德教育;4. 体育;5. 美育。"在这本书中对于学生的发展制定的教学任务包含知识技能的要求、教学与发展、教学与教育等几个方面的任务,是比较全面的。对于现在中国的"五育"并举是有一定的影响的。现在的"五育"是指德育、智育、体育、美育、劳动教育,通过"五育"并举的推行,全面发展素质教育。对于现代的教育思想来说也是比较吻合的,说明在当时凯洛夫的教育思想已经比较成熟和先进了。

由此而言,凯洛夫的《教育学》以及苏联的教育经验对当时的中国教育理念带来了很大的冲击,推动了新中国对教育的改革。

(二) 苏联教育体制的沿袭与革新

由于苏联《教育学》理论的深入,政府接管教育,确立了以学习苏联为主的教育教学理念、对已有的旧教育进行改造改革的教育方针,全国上下展开了大规模的课程改革运动,从而形成了统一教学计划、统一教学内容和统一教科书的"大统一"管理模式。

新中国成立初期国力贫弱,培养能为国家建设与发展服务的人才迫在眉睫,并且因为课程管理的集权以及课程实施的大一统模式,当时的课程价值观具有较为浓厚的革命思想,这一时期的课程主要围绕爱国主义思想展开。

随后的几次课程改革,建立了以学科为中心的课程体系,强调基础知识和基本技能的训练,强调教育和生产劳动相结合,以培养"有社会主义觉悟、有文化的劳动者",从而服务于经济和社会建设。[①]

---

① 李保强、朱薇.我国课程管理价值观的历史演绎与多维重构——纪念中华人民共和国成立70周年[J].现代教育管理.

1. 新中国的课程改革

（1）学制改革

在解放初期，全国大部分地区沿用 1922 年时国家颁布的壬戌学制，当时是学习美国采用了小学六年制，进行"四·二"分段。解放前，很多农民基本没有办法读完六年小学，一般只能读完四年小学就不再接受教育。所以，解放后，国家明确了"教育面向工农"的改革思想。要让教育面向广大劳动人民，学制必须进行改革。

1950 年 6 月，在北京的几所小学中率先进行五年一贯制学制试验，效果不错，全国其余地方也尝试实行五年一贯制。在 1952 年 3 月 18 日，教育部颁发《小学暂行规程（草案）》，这是新中国成立以来的第一份小学教学计划，确定了小学学制为五年一贯制，年满 7 周岁的儿童方可入学。同年 11 月，教育部发出《关于小学实施五年一贯制的指示》，规定"除了一部分少数民族地区、游牧区及个别经济文化特别落后的地区，可以推迟实施外，其他地区，不分城乡，争取到 1957 年秋季，小学全部改为五年一贯制"。① 根据这项规定，全国各地小学纷纷开始实施五年一贯制教学计划。

1953 年 11 月 26 日，政务院通过了《政务院关于整顿和改进小学教育的指示》，指出了小学教育工作中的问题，如"原有师资力量较低，校舍简陋，加上近一两年来发展较快，又未能适当地考虑解决师资校舍等问题，以致学校混乱现象很严重，教学质量很差"。又针对小学学制问题指出，"关于小学五年一贯制，从执行情况看来，由于师资教材等条件准备不足，不宜继续推行，因此已从本学年起，一律暂行停止推行。小学学制仍沿用四·二制，分初、高两级。初级修业期限四年，高级修业期限二年。"② 五年一贯制因一些实际操作问题暂停，小学继续实行四二制。

1954—1956 年间，学制没有发生变化，只是对教学计划进行了修改和增补。③

---

① 学制和学校类型 学制改革试验.张健主编.中国教育年鉴.中国大百科全书出版社，1949—1981，129 - 130，年鉴.

② 政务院.政务院关于整顿和改进小学教育指示(1953 年 11 月 26 日).北京师范大学教育科学研究所.中小学教育政策法令选编(1949—1966)，上册，1979 年版(内部发行)，71 - 75.

③ 王喆，张琦，朱佳雯.新中国小学课程的变化(1949—1965).

（2）课标改革

为推行五年一贯制，1950 年 7 月，教育部学习苏联的教学大纲，制定了《小学课程暂行标准（草案）》，对语文、算术、历史、地理、自然、音乐、图画、体育这八门学科做了规定，把"课程标准"改为"教学计划"和"教学大纲"。

其中《小学语文暂行标准（草案）》中提出小学语文教学目标："一、使儿童通过以儿童文学为主要形式的普通语文体的学习、理解，能独立、顺利地欣赏民族的大众的文学，阅读通俗的报纸、杂志和科学书籍。二、使儿童通过说话、写作的研究、练习，能正确地用普通话和语文体表达思想感情。三、使儿童通过写字的研究、练习，能正确、迅速地书写正书和常用的行书。四、使儿童通过普通话和语文体联系各科的学习，能获得初步的自然史地常识，并具有爱国主义思想和国民公德。"[1]对比 1948 年的《国语课程标准》中的目标，对于儿童阅读方面的要求提高了，在写字方面的要求补充详细了。其中不仅要掌握正书的书写，还要能书写部分行书，并且要求语文与其他学科相联系。在教学目标中还针对情感态度和价值观维度做出了要求，这个教学目标与现代教学的三维目标有一定的对应。

1952 年 2 月，教育部组织翻译出版了《苏联初等学校算术教学大纲》；7 月，教育部成立中小学各科教学大纲起草委员会，借鉴苏联的经验，进行本土化的教学大纲编写。同年，编写完成了《小学算术教学大纲》和《小学珠算教学大纲》，这是新中国成立以来第一个统一实施的小学教学大纲。

对比 1948 年的《算术课程标准》和 1950 年的《小学算术课程暂行标准（草案）》，1952 年制定的《小学算术教学大纲》和《小学珠算教学大纲》将小学算术分为算术和珠算两个大类。其中的内容也发生了很大的变化，在 1952 年的两个大纲中没有了以前的目标，换成了教学说明，比如在《小学算术教学大纲（草案）》中在说明部分指出："小学算术教学的任务，是保证儿童自觉地和巩固地掌握算术知识和直观几何知识，并使他们获得实际运用这些知识的技能。算术教学应该培养和发展儿童的逻辑思维，使他们理解数量和数量间的相依关系，并能作出正确的判断。"在这里相对以前的课标，对学生应具备的数学素养进行了明确。在大纲中对整数四则运算、复名数四则、直观几何知识、分数小数百分率、应用题、口算这些知识类在各年级的要

---

[1] 小学语文暂行标准（草案）[S].1950,8.

求进行了详细的安排和梳理,并提出:"在算术教学中,教师应该充分发挥创造力,制作并创造更多的直观教具。这样一方面可以弥补教具设备的不足,另一方面也可以提高教学效果。"①相比之前的课程标准,对直观教学进行了更详细的要求说明。对于数学教学,小学时期尤其低年级的儿童抽象思维和逻辑思维能力还较弱,借助实物、模型、图画来进行教学,能帮助儿童更好地理解,数形结合的数学思想还可以有效发展他们的抽象思维。大纲中还提到了"培养儿童对劳动有自觉的态度","培养儿童自觉的纪律性,工作的明确性与准确性等优良品质"(对应现在数学教学中严谨科学的态度),"培养儿童善于钻研、创造、克服困难、有始有终等意志和性格"。从几条规定可见,当时教学大纲的内容比较具体,且关注了学生思维能力的培养。

1956年5月,教育部公布了适合四二制小学使用的各科教学大纲,共有语文、算术、历史、地理、自然、唱歌、图画、体育8科,实行全国统一的教学要求。在这一年中,又再次将《小学算术教学大纲》和《小学珠算教学大纲》合并为《小学算术教学大纲(修订草案)》。在主要内容中新增了"简单的统计图表和简单的簿记",要求指出:"统计图表和簿记在劳动生产和日常生活里也都有广泛的应用。在小学里学习这些教材可以使儿童获得一些实际应用的知识和技能,并且可以为将来参加劳动生产做一些准备。"这一点也体现了教学大纲也与当时的国情紧密结合。1956年起国家注重儿童的劳动教育,并且希望受过小学教育的国民能更好地帮助国家进行建设。

2. 新中国的教材改革

教科书是国家意志、民族精神和专业知识水平在教育行为中的集中体现,是课程目标和教育内容的主要载体,是学校教学和教师教育的依据,也是学生终生发展的基本知识来源。因此,在当时的情况下,国家确定了统一组织教科书编辑工作的方针,成立了出版委员会,负责研究各套教材并着力编写统一的教科书。教科书的规整有利于整合社会的主流价值观,贯彻国家意志,有利于人民大众政治认同感的培养,有利于国家的安定团结;另一方面,教科书的规整也有利于教科书自身的发展,有利于整合社会各方面的资源,提高教科书的品质。

新中国刚成立时,各地中小学使用的教科书多种多样,版本不一。一是

---

① 小学算术教学大纲(草案)[S].1952.

继承、改编解放区的教科书（主要为陕甘宁边区、东北解放区、晋察冀边区、山东解放区等自编的教科书）；二是沿用、改造民国十七年的教科书（主要指由商务印书馆、中华书局、开明书店、世界书局、大东书局等传统出版社出版的教科书）；三是由引进、编译苏联的教科书。当时的教科书呈现出各自为政的复杂局面。

1949年，对解放区的语文、历史、地理等课本进行修订，算术则有两套，一套为刘松涛等编写的华北人民政府教育部审定的解放区初级小学算术课本和高级小学算术课本，另一套为俞子夷编写的初级小学算术课本和高级小学算术课本。1950年7月，小学算术选用由人民教育出版社出版的刘松涛、俞子夷编写的小学算术课本。1951年，国家政务院文化教育委员会颁布《1951年出版工作计划大纲》，明确规定："人民教育出版社重编中小学课本，并于本年内建立全国中小学课本由国家统一供应的基础"。同年，人民教育出版社出版发行了第一套全国通用的中小学教科书。（见图3-1）

图3-1　第一套全国通用中小学教科书

1953年，为配合国民经济"一五"计划的执行，中央决定加强人民教育出版社的编写力量，于1954年开始着手编写新教材。1956年，人民教育出版社根据教学大纲要求编写出版发行了第二套全国通用的中小学教科书，也是第一套正式编写的教材。

在全国推行教育教学改革下，当时的教材主要为政治服务，在学科中也增加了劳动教育篇幅的比重。下面以语文教材为例：

1951年发行的第一套国语课本，从课文目录中可以看出，当时的课文与当时新中国成立的联系比较密切。对课文目录中的一些词汇进行了频率搜索，像"军"这一个字在这10册中出现了11次，"毛主席"这一词条出现了9次，"祖国"出现了9次，"苏联"出现了6次。这些高频词汇可以说明，在编写第一套统一教材的时候，课程主基调为以马克思列宁主义为指导思想，反映中国共产党意旨。《小学暂行规程（草案）》中规定，"小学教育的宗旨是：根据新民主主义的教育方针和理论与实际一致的教育方法，给儿童以全面的基础教育，使他们成为新民主主义社会热爱祖国和人民的、自觉的、积极的成员。"通过对小学语文课文的筛选、编录，达到培养学生爱国主义思想的目的。《我们的好朋友苏联》《给苏联朋友的信》《苏联小朋友的来信》，这些课文体现了当时的新中国与苏联交好的国际形势特点。苏联在新中国成立后第一个在国际上公开建立了与中国的友好关系，在教育、经济和工业方面对中国分享自己的已有经验，并派出专家协助中国建设。

除了爱国思想和苏共交好的课文外，在1951年的课文目录中多次出现了"劳动""开荒""农民"等词汇，说明当时的教育除了爱国思想外还渗透了劳动教育，与当时的背景相对吻合。《红领巾》《爱惜米粒》《一个少年儿童队队员》等课文是对儿童道德观念的一个培养，说明在当时的课程建设中，已经将德育融入语文教学中。

在1951年的国语课本中，有很大的篇幅都给了抗战、毛主席和抗战英雄们，如《功劳炮》《开国大典》《在井冈山上》《大战平型关》《活着的郑德胜》《英勇不屈的赵一曼》等课文，将革命英雄的事迹以课文的形式传诵给儿童，通过一个个小故事让儿童感受国家的稳定是由革命家们、战士们浴血奋战换来的，激发儿童的爱国情怀，牢记历史、奋发图强。

除了以上这些内容外，课本中的《电话的发明》《印刷书的进步》《人为什么会生病》《气象台》等课文，在文化科学这一方面向孩子们展示了科学的重要性，旨在启发孩子们好好学习，能在国家的培养下成为各方面的人才，加入国家的建设中，为国家的改革做出自己的贡献。

再看1956年的第二套统一教科书中的语文课本。在这12册书中，"毛主席"这一词条出现了15次，"苏联"这一词只出现了1次，"党"这个词出现了5次，"红"这个词出现了11次。相较于第一套语文课本，"毛主席"这个词条出现的频率变高了,"苏联"出现的频率变低了,"红"这个词出现的频率也非常高,说明当时的语文教科书延续之前的目标,着重于宣传毛主席和抗战英雄的事迹,用课文的形式向儿童宣传共产党在抗战时期所经历的困难和艰苦。

与第一套教科书比,第二套语文教科书将更大的篇幅分给了劳动教育,《谷子红薯》《春耕》《丰收儿歌》《收麦》《捡稻穗》《千人糕》等课文都描述了农民劳作的景象,可以感受到在这五年中,国家的教育理念的一些改变,此时的中国更加重视劳动教育。

由于前两套教材是由全国统一编写,对学生的实际情况不够了解,所以不能满足不同地区、不同学校的实际需求;其次,这两套教材由于过度强调了知识的系统性,导致学生的学习负担较重,身心受到了一定程度的损伤;第三,课程教材是由中央集中管理,失去了地方教育在课程设计、教学内容上的本土化特点。因此,在推行了两套统一教科书后,从 1957 年起,国家重新开始下放教科书编写权利,允许地方根据地方特色和学生实际情况自编教材,逐渐实现了教材的本土化。

3. 新中国的教学方式改革

新中国成立初期,政府采取相关措施来提高小学教育质量。各地小学在教学过程中响应国家号召积极改进教学方法,在教学方面取得了一定的成效。在 1949 年前的课堂中,教学方式多为教师讲,学生听的灌输式教育。新中国成立初期,改革教学方法,提升教学质量,发展学生的学习能力和思维能力成为当时改革的一大重点。主要方式为红领巾教学法。

1953 年 5 月,苏联教育专家普希金听了《红领巾》一课,指出了当时的中国课堂教学方法过于死板,整堂课都是老师在讲,学生主要任务就是接收,缺少学生的自主活动。普希金亲自指导讲授了《红领巾》一课,这一堂课由 8 个环节组成:启发工作、阅读课文、读后谈话、逐段阅读分析、编写段落大意、复习阅读、复述课文内容和创造性讲述、结束谈话。它基本上属于凯洛夫模式的变式,就教学模式论来说,基本上属于以认知论为基础的系统学习模式,常规程序是:感知—理解—巩固—运用。其基本要素有:① 解题,介绍作者和时代背景;② 初读(或范读)课文,讲解生字词;③ 分析课文,即教师串讲,一般是分析结构、段落层次、大意,这是教学也是一般听课、评课的重头戏;④ 总结中心思想;⑤ 总结写作特点;⑥ 课堂练习或布置作业。①

红领巾教学法对我国语文教学的发展有一定的推动作用,主要表现在以下两方面:

第一,红领巾教学法推动了教学方法的改革。红领巾教学法注意从学生的实际出发,合理地安排教学时间,改革不问学生实际一律逐句讲解的串讲法;注意调动学生学习的主动性和积极性,运用了启发式教学;注意从课文本身的分析去进行思想政治教育。这是对语文教学的深入研究,同时也促进了语文教学的整体改革。由红领巾教学法引发的讨论、学习热潮彻底改变了由文言文教学法沿袭而来的教师讲、学生听的僵化局面,使语文教学特别是现代文教学有了生动活泼的局面。

第二,有关红领巾教学法的讨论还建立了现代文教学模式。在五个环节教学模式的基础上,逐步建立了语文教学特别是现代文教学的基本模式:(1)题解,作者介绍、时代背景等。(2)范读,讲解生字生词、学生质疑问难等。(3)分析课文,结构分析、人物形象分析、重点难点分析等。(4)总结主题思想。(5)研究写作特点。这种方法使语文回到了语文本身,而不是落在空洞的政治解读上,而且对普通教师特别是经验较少的教师掌握教学常规、大面积提高教学质量有非常重要的意义。

二、新中国教育背景下的"淑新"继承

1949年后,教育环境趋于稳定,随着苏联模式的引入,教育改革走上征程,全国各中小学在此基础上陆续展开学校教育改革。"淑新"女校顺应时代潮流,学习苏联先进经验和技术,走上了发展和改革的道路。

(一) 本期"淑新"校史发展概况

1949年5月,朱泾解放。同年,学校更名为朱泾第一中心小学。金山县文教科接管实验一小。解放后的朱泾第一中心小学经过多次翻修新建,

---

① 舒敏.建国以来中学语文课堂教学模式变迁的回顾与反思[D].湖南师范大学,2015.

校舍粗具规模。学生也由原来 48 人至 1930 年 682 人,1949 年 822 人。班级由原来 2 个至 1930 年 14 个,1949 年 18 个。教职工由原来几人,至 1930 年 26 人,1949 年 33 人。

解放后,实验一小教师全部继续任教,校长吴洁生、教导主任顾仲华、总务主任张本清留任。

1950 年,学校对教职工队伍进行了清理改造。在党的领导下,教师利用业余时间,投身到社会各项政治运动中去,例如土改、冬学、扫盲、抗美援朝、镇反运动等,使教师的政治思想觉悟与阶级觉悟有了显著提高。与此同时,学校还组织教师学习理论、业务知识等,把教学工作作为学校的中心工作,教师研究教学、改进教法气氛渐浓,学校建立起新的教学秩序。1952 年,朱泾第一中心小学建立教育工会,成庆荣任基层工会主席。

1957 年 2 月,毛泽东主席提出:"我们的教育方针,应该使受教育者在德育、智育、体育几方面都得到发展,成为有社会主义觉悟的有文化的劳动者。"为响应号召,1957 年起,朱泾第一中心小学全面发展学习党的教育方针。学校办起了木工组、饲料组、种植组等等,师生共同勤工俭学,落实了教育为无产阶级政治服务,与生产劳动相结合的方针。

(二)"淑新"课程标准制定与落实

1. 教育方针的制定

1949 年 12 月,第一次全国教育工作会议召开,制定了课程改造的基本原则是:"建设新教育要以老解放区新教育经验为基础,吸收旧教育某些有用的经验,特别要借助苏联教育建设的先进经验。"[①]课改方针的确立,为"淑新"课程教学的改革拉开了序幕。

1952 年 3 月,教育部又颁布了《小学暂行规程(草案)》和《中学暂行规程(草案)》等基础教育重要文件,分别对普通中小学教育的宗旨、目标作了详细的规定。其中,主要培养的目标是:在智育方面,要"使儿童具有读、写、算的基本能力和社会、自然的基本知识";在德育方面,要"使儿童具有爱国思想,国民公德和诚实、勇敢、团结、互助、遵守纪律等优良品质";在体育方面,要"使儿童具有强健的身体,活泼、愉快的心情以及卫生的基本知识和

---

① 中华人民共和国教育大事纪(1949—1982)[Z].北京:教育科学出版社,1984.

习惯";在美育方面,要"使儿童具有爱美的观念和欣赏艺术的初步能力。"①由此可见,当时的基础教育课程重视"四育",即:智育、德育、体育、美育,还没有提及劳动教育。

次年11月26日,政务院针对当时新出现的小学毕业生升学的矛盾发布了《关于整顿和改进小学教育的指示》,指出"小学教育是人民的基础教育,今后在相当长的时期内,小学学生毕业后,主要是参加劳动生产,升学的还只是一部分。因此,在学校平时教育中不应片面强调学生毕业后如何升学,而应强调毕业后如何从事劳动生产"。基于此,劳动教育受到重视,课程设置相应改变。

2. 教育任务的落实

1949年后,人民政府宣布党的政策是接管、维持、改造,宣布学校当前主要任务是把半封建半殖民地的旧教育改造成为新民主主义教育;贯彻党对知识分子政策团结、教育、改造。1949年9月,新学年开始,实验一小废除了反动的训育制度,推行民主管理;废除了以三民主义和新生活运动为主要内容的公民课、周会课和童子军训练;使用新教材,增设政治、卫生、图画课;严禁体罚学生,销毁戒尺;禁止国民党、三青团等活动,并进行党、团登记。

1953年,中国共产党提出了中国过渡时期的总路线:"要在一个相当长的时期内实现国家的社会主义工业化,并逐步实现国家对农业、对手工业和资本主义工商业的社会主义改造"。② 我国开始了发展国民经济的第一个五年计划。为适应政治经济的发展,政务院文化教育委员会提出全国文教工作总的指导方针是:"整顿巩固,重点发展,提高质量,稳步前进。""大力改进和整顿小学教育,克服某种程度的混乱现象,继续为工农子女创造就学的机会,稳步地进行教学改革,以教学为中心,全面贯彻教育方针,努力提高教学质量。"

1954年,国务院提出"以社会主义思想教育学生,培养他们成为社会主义社会全面发展的成员"。同年12月,教育部提出:"今后一个时期,要以提高教育质量为中心任务,以全面发展的教育方针为指导思想。"

---

① 刘英杰主编.中国教育大事典(1949—1990)上[M].浙江教育出版社,1993:348.
② 王安平.毛泽东思想概论新编[M].四川:电子科技大学出版社,2004.

在推进"淑新"课程建设中,实验一小积极贯彻落实《全面发展》方针,明确教学任务,紧抓教学质量,取得了不俗的成果。

(三)"淑新"课程内容的继承与特色

1. "淑新"课程内容的设置

课程设置是学校教育的重要基础,也是教育目标实现的基本保障。解放初期,基于苏联的课程机构,根据改造旧教育的方针、步骤和新教育的发展方向,实验一小对原有课程、教材和教学方法进行了一系列改革,逐步建立了重视思想政治教育、强调文化科学基础知识教学、注重增强学生体质及劳动技术教育的课程体系。

1949年9月,根据1949年6月颁布的《华北区小学教育暂实施方法》,教育行政部门颁布了《暂行小学课程时间表》(全日制与半日制)。全日制的小学课程设国语、算术、珠算、常识、历史、地理、自然、政治常识、体育、音乐、美术、劳作等学科。常识在小学三、四年级设置,政治常识、历史、地理从小学五年级开始设置,自然在小学三、四年级包含在常识之中,进入高小以后才单独设立。半日班的小学课程设国语、常识、算术、唱游、劳美、周会。[①]实验一小为全日制小学,根据实验一小情况,制定并落实了全日制小学的课程安排表。

2. "淑新"课程内容的特色

新中国课程改革中,1949年至1952年以"四育"为主要基础教育课程,包括智育、德育、体育、美育;随着革命事业的发展,整个社会出现轻视体力劳动和体力劳动者的现象,社会就业压力显著提升,因此从1953年起,教育部颁布新政策,劳动教育受到重视。实验一小紧跟改革形势,开展教学实践。

(1) 智育

20世纪50年代初,以学习苏联凯洛夫的《教育学》为代表,掀起了学习苏联教育学的热潮。《教育学》的引入和学习为智育课程的改革奠定了基础。

在此教学大背景下,实验一小与金山县其他学校一样,积极投入其中。

---

① 吕型伟主编.上海普通教育史[M].上海教育出版社,1994:49-50.

国语、算术、珠算等智育课程相应开展,并对教师的教学模式提出更高要求。当时教师备课的要求是:① 精读教材,掌握教材的精神实质;② 交流教学目的要求;③ 考虑教学方法;④ 考虑教具;⑤ 考虑参考资料或补充材料;⑥ 检查上一次课的教学效果。在教学理论方面,组织教师学习凯洛夫教育学,结合学习华东师大教授曹孚在《文汇报》上连载的《关于怎样学习苏联凯洛夫教育学》的专题文章进行讨论。明确每节课要有教学和教育两方面的任务;课的类型有练习、复习、综合、传授新知识等;课的结构一般有组织教学、复习提问、教授新课、巩固新课、布置家庭作业等5个环节。教师在教学过程中要掌握直观性原则、自觉性和积极性原则、巩固性原则、系统性和连贯性原则、可接受性原则,并注意教学过程的教育性,加强课程中的思想教育。

由此可见,这一时期智育教育和德育教育是融合为一体的。

(2) 德育

1949年中华人民共和国成立初,第一个小学教育工作规程颁布。这时开始不再设政治科或其他专门的德育课程,对学生的思想品德教育,主要通过各科教学和课外活动进行,内容是"爱祖国、爱人民、爱劳动、爱科学、爱护公共财物"的国民公德教育。

在此《规程》指导下,实验一小在课程中对学生进行"五爱"教育和"反帝反封建"教育。1950年,实验一小建立中国少年儿童队(后改为中国少年先锋队),引导儿童"好好学习,天天向上",成为"爱祖国、爱人民、爱劳动、爱科学、爱护公共财物"和"诚实、勇敢、活泼、团结"的新一代。1955年2月10日,教育部首次颁布了《小学生守则》和《关于实施小学生守则的指示》,更是加强了对学生学习和日常行为的规范。其《小学生守则》内容如下:

第一条:努力做个好学生,做到身体好、功课好,品行好。准备为祖国服务,为人民服务。

第二条:尊敬国旗。敬爱人民领袖。

第三条:听从校长教师的教导。爱护本校本班的名誉。

第四条:按时到校,按时上课。不迟到,不早退,不随便缺课。

第五条:上学的时候,带齐要用的课本和用品。上课以前,准备好上课要用的东西。

第六条:上课的时候,要整齐、安静、姿势端正。要离开课堂,先请求教师许可。

第七条：上课的时候，认真做功课，用心听教师的讲解和同学的问答。不随便说话，不做别的事情。

第八条：上课的时候，要回答问题或者要提出问题，先举手。教师让说，再站起来说。教师让坐下，再坐下。

第九条：按时用心做好教师指定的课外作业。

第十条：好好当值日生。积极参加课外活动。

第十一条：尊敬校长教师。上课下课都对教师行礼。在校外遇到校长教师也行礼。

第十二条：和同学友爱团结，互相帮助。

第十三条：上学和放学回家，在路上不耽误时间，避免发生危险。

第十四条：敬爱父母。爱护兄弟姐妹。帮助父母做自己能做的事。

第十五条：尊敬老人。对老人、小孩、病人、行动困难的人，让路、让座，给予可能的帮助。

第十六条：对人要有礼貌。不骂人，不打架。不在公共场所吵闹。不妨碍别人的工作、学习和睡觉。

第十七条：不说谎，不骗人。不赌博。不私自拿别人的东西。不做对自己、对别人有害的事情。

第十八条：爱护公共财物。不弄坏弄脏桌椅、门窗、墙壁、地面或者别的东西。

第十九条：按时吃饭、休息、睡觉。常常游戏、运动，锻炼身体。

第二十条：对身体、饮食、服装、用品、床铺和住所，都保持清洁卫生。对公共场所也注意清洁卫生。

在这份文件中，可以看到1955年颁布的《小学生守则》分20条，有600多字。分别从学习、作息和德育等方面对学生的日常行为进行了规范。而相较于学习、作息方面，《小学生守则》中有关德育方面的行为规范占了一半以上，20条中就有11条涉及不仅要学生"准备为祖国服务，为人民服务""尊敬国旗""爱护本校本班的名誉"，而且要学生"尊敬校长教师。上课下课都对教师行礼。""和同学友爱团结。互相帮助。""尊敬老人。对老人、小孩、病人、行动困难的人，让路、让座"。还要学生"不说谎，不骗人。不赌博。不私自拿别人的东西。不做对自己、对别人有害的事情。""爱护公共财物。不弄坏弄脏桌椅、门窗、墙壁、地面或者别的东西"等等。在首个《小学生守则》中加强德育教育,与当时国情相关。新中国成立后,在全国开展了改造旧教育、建设新教育的工作,这对学校的德育提出了新的要求,必须要逐步建立一个新中国的德育体系。

由此,实验一小认真贯彻并执行,以《小学生守则》向学生进行思想品德教育,同时注意培养典型,评选三好学生,树立榜样。当时,书报刊物和电影广播配合学校,全方位地宣传英雄人物的先进事迹。实验一小涌现不少以英雄名字命名的班级和中队。社会风气良好,再加上通过实施《小学生守则》,小学生有了日常生活的行为准则,受到了共产主义道德教育,发扬了集体主义精神,学习目的更明确,纪律普遍良好,成绩有所提高,并且养成了优良的习惯和品质。热爱祖国、尊敬老师、同学互助、爱护公物、拾金不昧等优秀事迹蔚然成风。这时期实验一小虽然没有德育课程,然而德育工作的成效是显著的,并且在学期结束前,实验一小还会进行操行评定。

(3) 体育

民国初期,学校设体操、卫生课,但体育器材和场地普遍缺乏。民国三十七年(1948),对小学生进行体检,受检查学生1 450人:健康学生194人,占13%;患各种疾病学生1 256人,占87%,其中患沙眼、扁桃腺炎、淋巴结肿的学生占患病总数的58.4%。因此新中国成立后,国家重视体育活动,学校体育设备也相应得到改善,但不少学校体育师资不足,体育课质量仍差。当时实验一小每周安排两节体育课,每天一次早操,而不少乡村学校体育课时有时无。

为加大体育活动力度,改善学生体质健康,教育部于1950年颁发了《小学体育课程暂行标准(草案)》,内容包括体育教学的目标、教材纲要、教学要点三部分。教材纲要是以整队和步伐、体操、舞蹈、游戏、技巧、球类运动、田径赛等内容进行分类的。1956年,教育部颁发了《小学体育教学大纲(草案)》《中学体育教学大纲(草案)》,内容包括:说明、大纲两部分,还有附件部分(体育考核项目与标准、教学用具与设备一览表)。大纲是中小学十二年制,小学6年、初中3年、高中3年。其内容是按年级编写的,"小学一至六年级体育教育的主要手段是基本体操和游戏";中学大纲包括"基本教材和补充教材两部分",基本教材包括体操、田径、游戏。大纲是吸取苏联经验,结合我国具体情况,根据学生的年龄特征,并按照教材的系统循序渐进编写的。

实验一小紧跟步伐,落实贯彻《小学体育教学大纲(草案)》,每周继续安排两节体育课,每天一次早操,保障学生体育锻炼有足够时间。1954年,实验一小全面推行少年广播体操,检查并监督学生做操规范。

(4) 美育

1949—1957年,是新中国美育思想的确立及美育的发展时期。新中国成立之初,在共产党和人民政府的领导下,经济振兴,政治清明,文化教育事业得到迅速发展,美育也受到空前的重视。当时中央人民政府颁布的国民教育的各项规定都明确提出了各级学校美育的任务和要求,在有关文件中明确要求学生要做到"德、智、体、美与生产技术"全面发展。1955年9月2日,教育部《关于颁发"小学教育计划"及"小学教育的课外活动的规定"的命令》指出:"小学教育的任务是培养社会主义全面发展的成员,所以小学中不但要进行智育、德育、体育、美育,同时还必须有步骤地实施基本生产技术教育。"与此同时,在实际工作中也实施了一系列的加强美育的措施。[1] 大学、中学、小学的音乐,美术课程逐步受到重视,学生的课外文娱活动十分活跃。

1957—1960年,是美育的削弱时期。1957年毛泽东在《关于正确处理人民内部矛盾的问题》中明确指出:"我们的教育方针,应该使受教育者在德育、智育、体育几方面都得到发展,成为有社会主义觉悟的有文化的劳动者。"中央和国务院在"关于教育工作的指示"中认为:"党所提出的'培养有社会主义觉悟的有文化的劳动者'的口号,正确地解释了全面发展的含义。"由于这两个权威性文件,都没有提及美育,所以美育在理论与实践中受到忽视。在当时国内编发的《教育学》中,美育的内容被删减。因此,在这一时段中,实验一小的美育课程被压缩,课时被减少,美育成了可有可无的东西。

(5) 劳作

新中国成立以来,中小学教育重要的组成部分便是劳动教育。它以开设劳动教育课程为主要实施渠道,并辅之以课外劳动、与有关学科教学的结合。

---

[1] 曾繁仁,高旭东.审美教育新论[M].北京大学出版社,1997.

由于新中国的革命事业发展很快,1953年和1949年相比,小学生增加了一倍,中学生增加了185%以上,①学校不能满足初中和小学毕业生全部升学的需求。在此背景下,学生中普遍存在着鄙视体力劳动和体力劳动者的错误思想,不能升学的学生不愿意参加生产劳动。新中国五年教育改革探索,对劳动教育的忽视,带来了轻视体力劳动的错误观念和社会就业压力。1954年,时任中央文化教育委员会副主任的习仲勋在全国中学教育会议上讲话并指出,"学生都想当干部,轻视劳动、轻视劳动人民。社会主义与劳动是分不开的"。② 1955年5月,习仲勋在全国文教工作会议上再次强调,"提高中、小学教育的质量必须贯彻全面发展的方针,注重学生的智育、德育、体育、美育,同时有步骤地实施基本的生产技术教育"。③ 同年9月,教育部颁布的《小学教学计划及其说明》增设了《手工劳动》课程,小学一至六年级开设手工劳动课,要求每周一课时,将其界定为"实施基本生产技术教育的主要学科之一"。④ 1956年,教育部又专门颁发《关于1956—1957年度中、小学实施基本生产劳动技术教育的通知》。1958年3月,教育部颁布的《关于1958—1959年度中学教学计划的通知》将生产劳动课程列入国家教学计划,要求初中、高中每周开设2学时,每学年另外参加体力劳动14—28天,并强调"劳动教育是办好社会主义学校教育的一个重要组成部分,是社会主义学校教育区别于旧教育的标志,对贯彻培养劳动教育的方针,起着决定性作用"。由此,劳动教育和劳动课程具有了高度的政治地位。(见图3-5)

在此背景下,实验一小根据上级教育部门关于加强中小学生劳动教育的指示,把"爱劳动"作为五爱教育的一项重要内容。除在校内对小学生加强劳动教育外,请已参加农业生产劳动并取得成绩的原实验一小高小毕业生现身说法,学校还通过家长会宣传,取得家长的理解和支持,效果较好。1950年,实验一小开展种植蔬菜、马铃薯、南瓜和搓草绳、编竹器、结钢笔袋、捉黄鳝、挖田螺及饲养家禽、家畜等活动,劳动教育慢慢扎根在学生心中。

---

① 卓晴君,李仲汉.中小学教育史[M].海口:海南出版社,2002:91,426-428.
② 何东昌.中华人民共和国重要教育文献[M].海口:海南出版社,1990:286.
③ 何东昌.中华人民共和国重要教育文献[M].海口:海南出版社,1990:514.
④ 何东昌.中华人民共和国重要教育文献[M].海口:海南出版社,1990:508.

序号	教学计划颁发时间	学制，教育阶段	学科名称	教学时段 分散安排	教学时段 集中安排（或计算）	备注
1	1950年7月	四二制小学	劳作	各年级每周1节		与各科教学实验、实习及课外活动结合
	1950年8月	三三制中学	制图	高二、高三每周1节		
2	1952年3月	五年制小学	[劳作]			
	1952年3月	三三制中学	制图	高中各年级每周1节		
	1953年9月	四二制小学				待查
	1954年2月	四二制小学	[未设置]			待查
3	1953年2月	三三制中学	制图	高中各年级每周1节		
	1953年7月	三三制中学	制图	高中各年级每周1节		
4	1954年7月	四二制小学	手工劳动	各年级每周1节		
	1955年9月	三三制中学	制图	高中各年级每周1节		
	1955年6月	四二制小学	制图	高中各年级每周1节		依原计划
5	1956年7月	三三制中学	实习	中学各年级每周2节	初中各年级，高一、高二每年1周	
			生产参观			

(续图)

序号	教学计划颁发时间	学制,教育阶段	学科名称	教学时段 分散安排	教学时段 集中安排(或计算)	备注
6	1957年6月	三三制中学	农业基础知识(农村)	初三每周2节		城市学校机动
	1957年7月	四二制小学	农业常识(农村)	五、六年级每周1节		
		四二制小学	手工劳动	机动		
	1958年3月	三三制中学	生产劳动	各年级每周2节	各年级每年14—28日	依原计划
			体力劳动			
			参观		各年级每年6时	
7	1958年5月	三年制初中	生产劳动	各年级每周2节		
	1958年12月	三三制中学 四二制小学				
	1959年5月	三三制中学 四二制小学				非教学计划文件规定每周劳动时间:小学4—6时,初中6—8时,高中8—10时

图3-5 1949—1958年劳动技术课程设置变化

（四）"淑新"课程教学方式的探索

1. 凯洛夫教学法

随着凯洛夫《教育学》的引入，凯洛夫的"五环节课堂教学法"对中国的课堂教学产生了举足轻重的作用，很快成为国内课堂教学的唯一正确样板。这种传统的教学模式最早对于知识传授的准确性、强化学生记忆具有一定的意义，但弊端也很明显。其中学校教师实行凯洛夫教学法，过于强调课程、教学大纲、教材的统一性、严肃性，忽视了它们的灵活性和不断变革的必要性。

2. 红领巾教学法

1953年，红领巾教学法进入课堂，再一次推动了课堂的改革。在红领巾教学法的影响下，实验一小重视语文课的思想性，重视从课文本身的分析进行思想教育，运用谈话法启发诱导学生学习的主动性和积极性。这对以往注入式的逐字逐句讲解课文的教学方法是一次较大的改革，不仅对改进语文教学起到推动作用，对改进其他学科的教学也起到一定的作用。实验一小多次组织观摩教学，进行推广。在这个时期，实验一小购买了一批课外读物，供学生课外阅读，如《钢铁是怎样炼成的》《青年近卫军》《卓娅和舒拉的故事》等，每种购买50本，让学生在教师指导下阅读，既提高学生的阅读兴趣，又受到爱国主义教育。

教学改革的一个重要方面是贯彻直观教学原则，许多教师根据自己所教学科特点自制教具，如地理老师赵文秀，自己绘制了各省地图，还用纸浆加胶水自制了各省地形模型，学生不仅了解了地理方位，而且了解了各省的地形、河流、山脉。自然老师张本清用三球仪、电动模型等边教学边演示，给学生知识传授的直观性，教学效果很好。

1952年起，第一套全国中小学通用教材发行。实验一小根据政府要求开始使用，根据教学大纲，在教育上注重培养学生的独立思考能力。教师会根据不同班级学生的实际情况来进行教学目标的修订和教学内容的修改，使每一次教学更贴近学生。

由此可见，实验一小从凯洛夫教学法到红领巾教学法，课堂教学方式、学生的思维得到改变。课堂不再是老师一言堂，而是师生开始有互动。教学大纲、教材等不再是统一性、唯一性。学生不再是刻板地接受知识，而是在思考提问中训练独立思维。

(五)"淑新"课程评价方法

民国时期注重教育质量,实验一小教学评价分为:日常考查、临时考查、学期考试和毕业考试(或毕业会考)等几种。日常考查如检查背诵、笔答、口答、作业簿、品行记载等。临时测验每隔数周举行一次,每学期测验两次。记分方法:文科采用等第法,分"甲、乙、丙、丁"4等,或"超、优、中、可、劣"5等,"丙""可"等为及格。数学采用百分制,60分为合格。

1949年后,分平时考察(包括小测验、课堂提问)、期中考试、期末考试3种,小学升入初中,初中升入高中,都要进行升学考试,择优录取。记分方法:1949年到1955年,小学使用百分制记分。1955年秋到1966年改用苏联的五级记分制,5分为最佳;3分为合格。1958年,实行平时考查、学期考试和毕业考试三段。平时考查分课堂提问、课内作业、书面测验等几种,学期考试分期中、期末考试两种,学年末举行学年考试。小学第四学年和第六学年、中学第三学年和第六学年,举行毕业考试。

(六) 多种形式与内容的教师进修培训

民国三年(1914),金山县举办小学教员暑期讲习所,经省方检查,发现合格者不满半数,责令严加考核。民国二十四年,金山县推行公开教学及参观指导,少数学校组织教员读书会,借以提高文化、业务水平。民国三十四—三十六年,金山县每年举办暑期讲习班,并选派小学教员赴苏州参加暑期讲习会。

1952年,以中心校辅导区为单位,开办教师星期学校,由小学校长、教育工会负责组织。实验一小为帮助教师提高文化业务水平,与朱泾第二中心小学联合举办星期学校,利用星期天学习文化和业务,通过听业务专题讲座、集体备课等方式提高教师业务水平。

金山县教育部门利用寒暑假举办教师轮训班,通过各种业务学习,帮助教师克服教学上的困难。1954—1956年,金山县先后将150多名文化程度较低的中小学教师,分别送松江师范、小教行政干部讲习班和中教专修班进行脱产培训,吸收60多名中小学教师参加函授学习。1955年,金山县举办初等教育师资短训,为期3个月,对参加者发给证书。1956年,县局还举办学校的普通话骨干教师培训班，实验一小派李静娥、王其至等老师前去学习。1957年起，强调课堂教学要以普通话讲授知识，要求学生用普通话回答教师的提问。学校里掀起了学习普通话的热潮。

　　在1949—1958年这段时期，中国教育理念几经变化，由学习苏联《教育学》理论到"走社会主义道路"的本土化自主探索，小学教育也根据全国教育工作的指导方针，经历了"分—统—分"的改革。学制由四二制改为五年制，经过实践又恢复四二制。各学科课程标准经过修订由教育部统一颁发，拟定为小学学科教学大纲。教材从地方到全国统一再到自主编写。课程较新中国之前更丰富，注重基础教育和思想教育，除了8门基础课程外，还增设了手工劳动课，加强对学生的劳动教育培养。在《教育学》和红领巾教学法的引导下，教学方法由传统的讲授转变到直观教学和启发教学。在此基础上，教学评价逐渐多样化和规范化。以上改革种种，皆对后期"淑新"文化的发展产生了一定的影响。

第四章 "淑新"课程的融合与生长阶段(1958—1988)

一、苏派与海派的教育归并

所谓流派,通常是指学术、文化、艺术等方面形成独特风格的派别。苏派教育和海派教育,即江苏一带和上海一带教育派别的统称。教育流派既是一种地域概念,更是一种文化概念。苏派与海派的形成与发展,是适应于不同时代和环境的教育创造。在历史的烛照与时代的跃迁中,苏派与海派教育在碰撞交汇中和谐共生,融合并归;海派教育在发展中也逐渐形成独特的文化特征。

(一) 从地域融合到文化融合

1. 地域融合

从地理位置上看,江苏地处长江两岸,东临上海,优越的自然环境使其成为全国闻名的鱼米之乡。而上海,原本只是一个小渔村,1927年设市初始仅有527.5平方公里,如今的松江、宝山、嘉定、青浦、南汇等10县仍在江苏省松江专区。直至1958年1月,国务院批准江苏省嘉定、上海、宝山三县划归上海市领导。11—12月,又将江苏省川沙、青浦、南汇、松江、奉贤、金山、崇明七个县划归上海市领导。① 通过这一区划调整,上海市的辖域面积扩大到6 185平方公里,从而解决了上海面临的工业建设空间不足、人口规模持续膨胀、副食品供应日趋紧张三大问题。由此,江苏和上海从隔壁"邻

---

① 上海编制委员会办公室.上海党政机构沿革(1949—1986)[M].上海:上海人民出版社,1986:108.

居"形成了"你中有我、我中有你"的地域融合。

2. 文化融合

从文化层面上看,江苏地灵人杰,历来是人文荟萃之地。苏派教育同样源远流长,形成了深厚的底蕴和优良的传统。历数我国教育史上著名的教育大家:陶行知、叶圣陶、黄炎培、陈鹤琴……他们或生于江苏,或长于江苏,或实践于江苏,其教育主张既根植于江苏本土,又吸纳了域外文化教育的有益经验,汇聚成苏派的教育思想,呈现出"中西结合、经世致用、立人为本"的特色。

自近代开埠以来,上海一直处于中西方文化交流的前沿,"欧风美雨"为海派教育的形成打开了一扇窗户。而大批苏派教育家也将上海作为教育改革的阵地,推动了海派教育近代化的进程,使苏派与海派教育在源远流长的发展中不断交汇、碰撞、融合,实现文化归并。

(1) 陶行知与"生活教育"

1927年3月,陶行知在南京北郊创建晓庄师范学校,开展乡村教育实验,提出"社会即学校""生活即教育""教学做合一",形成具有中国特色的生活教育理论。1931年春,陶行知回到上海,对生活教育进行反思。他创办"山海工学团",建立小先生制,投身国难教育。陶行知在上海的时间虽然只有5年多,但却极大地深化了生活教育的理论思考,并有力地推动了上海乃至全国新教育事业的深入发展。①

(2) 黄炎培与"职业教育"

辛亥革命后,黄炎培任江苏教育司司长。他多次赴美、英考察,于1917年5月6日在上海发起中华职业教育社。次年,创建中华职业学校。他是我国近代职业教育的首倡者和推进者,被誉为"中国近代职业教育之父"。

黄炎培倡导的办学方针为"社会化、科学化、平民化",他提出如下教学原则:"手脑并用""做学合一""理论与实际并行""知识与技能并重"。他以一种融教育与职业为一体的教育形式革新现行教育,体现了其实用主义的教育思想和对教育变革的务实求索。

(3) 陈鹤琴与"活教育"

1923年,陈鹤琴创办我国第一所实验幼稚园——南京鼓楼幼稚园。

---

① 黄书光.陶行知"生活教育"理论在上海的传播与发展[J].南京晓庄学院学报,2005,21(6):1.

1941年,他创办《活教育》杂志,标志着活教育理论和活教育运动的开始。1945年,他被任命为上海市教育局督导处主任督学,同年底创办上海市立幼稚师范学校,继续他的活教育实验。

陈鹤琴的活教育教育理论,即"教活书,活教书,教书活;读活书,活读书,读书活"。他把大自然和大社会视作"活教材",强调"做中学、做中教、做中求进步"。活教育既是五四新文化运动浪潮下对封建旧教育的有力批判,也是抗日战争烽火催生下时代精神的体现;既是对欧美新教育的吸收和再创造,更是陈鹤琴长期教育实践的总结和理论探索的结果。①

纵观几位教育家的教育实践轨迹,不难发现:他们的教育实践改革无一不是发源于江苏,发展于上海;形成的教育思想与教育理论,既体现了苏派的历史源流,又凸显了海派的教育特征,形成了两地文化的相互映照与融合。这样的文化融合,必然会影响"淑新"课程的发展。

(二) 海派教育的文化特征

自鸦片战争以后,上海开辟为通商口岸,设立了租界,形成了"华洋杂居"的社会局面。随着上海城市近代化的日趋完善,上海地区的教育也逐步走向成熟,呈现出海派的文化特征,具体表现为:

1. 海纳百川,开放包容

近代上海是个移民城市,四面八方的国人和外国人汇集到上海,形成多元人口共存的社会格局。人口多元势必会带来文化多元,因此,海派教育思想也是兼容并包,流派纷呈,先后出现了职业教育、实用主义教育、生活教育、活教育等各种教育理念与实践。

2. 突破陈规,勇于创新

上海处于东西方文化长期交汇之地,不同时期的海派教育家总能放眼国际,得风气之先,进行大胆的教育变革与办学创新。他们博采众长,善于学习借鉴西方先进理念和科学技术,开展细致的种种改革实验,探索本土经验,以改革本土教育,取得良好的收效。

3. 注重实际,务实致用

实用主义思想根源于苏派,发展于海派。清通简要、明体达用的教学思

---

① 廖其发.中国幼儿教育史[M].山西教育出版社,2006:276.

想，构成了苏派教育文化的血脉，同时也反映在海派教育的生成中。海派教育家注重解决实际问题，办学和改革都以学校中的具体问题为导向，以解决问题为目标。办学过程中，他们善于发现和紧盯核心问题，敏锐把握社会发展的趋势，严格遵循教育规律，以超前的理念，踏实的做法来解决问题，解决问题的过程中，还能变被动为自主，变劣势为优势，变问题为特色。①

总而言之，海派教育文化特征的形成，既是当时社会大环境造就的，更离不开海派教育家们的探索与革新，是其教育教学智慧结晶的体现。

二、"淑新"课程的探索与跃进(1958—1966)

1958年，伴随中苏关系的恶化，教育领域展开了全面批判苏联修正主义教育理论的运动，在课程改革理论上也同样由全盘苏化骤变为全盘否定，尝试探索适合中国国情的社会主义教育发展道路。这是新中国小学课程改革的关键时期，也是"淑新"课程变革与发展的重要时期。这一时期，基础教育得到了一定的发展，但由于我国课程改革的理论与实践彻底中断了与外部世界的联系，随之走上了关门闭户的道路。

1958年2月，《人民日报》发表了《鼓足干劲，力争上游》的社论，明确提出国民经济要全面"大跃进"。同年5月，中共八大二次会议正式通过了"鼓足干劲、力争上游、多快好省地建设社会主义"的总路线。② 同年9月19日，中共中央、国务院发布《关于教育工作的指示》，在全国范围内开展了"教育大跃进"。在浩浩荡荡的运动形势之下，"淑新"课程跟随上海基础教育改革也进入了探索与跃进时期。

（一）"淑新"课程标准的确立与落实

1. 教育方针的制定

"教育大跃进"的核心是教育与劳动生产相结合，它反映了我国领导人要求以教育促进生产劳动，以生产劳动改造教育的美好愿望，这也是这一时

---

① 陈玉芳.改革开放后上海中小学教育家办学个案研究[D].华东师范大学.2015：198.
② 张文和,李艳.口号与中国[M].中共党史出版社,1998：180.

期的教育方针。

1958年7月,中共中央宣传部部长陆定一在《红旗》杂志上发表《教育必须与生产劳动相结合》一文。同年9月,中共中央、国务院在《关于教育工作的指示》中指出:"党的教育工作方针,是教育为无产阶级的政治服务,教育与生产劳动相结合,使受教育者在德育、智育、体育几方面都得到发展,成为有社会主义觉悟的有文化的劳动者。""共产主义社会的全面发展的新人,就是既有政治觉悟又有文化的、既能从事脑力劳动又能从事体力劳动的人"。①

2. 教育目标的转变

1957年前较长一段时期,我国在教育目标包括课程目标中尤重视智育。自1957年起,教育目标突出思想政治教育及劳动教育,重视教育的政治方向。1963年3月23日,中国共产党发布了指导小学教育工作的文件《全日制小学暂行工作条例(草案)》,又称"小学四十条",指出小学教育的任务是"为社会主义建设事业培养劳动后备力量,和为高一级学校培养合格的新生";小学的培养目标为培养学生良好的学习习惯、生活习惯和劳动习惯。

3. 教育目标的落实

(1) 勤工俭学

教育与生产劳动相结合是从勤工俭学活动开始的。1958年1月20日,《人民日报》发表社论《两个好榜样》,大力推广勤工俭学。同年3月,上海开始在中小学普遍开展勤工俭学。此后,上海中小学生参加了以"大炼钢铁"为目的的生产劳动。实验一小师生也不例外,1958年秋,由教师带领高年级学生去朱泾大炼钢铁的小高炉工地劳动。原本学校的两扇铁校门,也被公社拆去炼钢了。

(2) 半工半读与半农半读

半工半读既是一种教育制度,也是一种劳动制度。为了创造条件,号召学生边读书边劳动,有的学校将工厂搬进学校,有的学校把部分班级迁往郊区,有的学校则让学生到钢铁厂等单位从事繁重的体力劳动。

半农半读是半工半读在农村的变种,其主要形式是开班大量农业中学

---

① 中共中央、国务院关于教育工作的指示[N].人民日报,1958-09-20.

和耕读小学。从1957年起，实验一小全面开始学习党的教育方针，培养德、智、体全面发展的，有社会主义觉悟的有文化的劳动者。学校不仅办起了木工组、饲养组、种植组等，1965年还办起了耕读小学，落实"教育为无产阶级政治服务，与生产劳动相结合"的方针。

（二）"淑新"课程制度的变革与实施

1. 学制改革

为了"多快好省"地培养建设人才，1958年9月，全国各地开始进行缩短中小学学制的试验。上海市教育局制定《关于试行小学五年一贯制、中学四年一贯制的意见（草案）》提出：小学五年，称作五年一贯制；中学四年，称作四年一贯制。1959年，恢复实施六三学制。1960年，进行中小学五五分段制改革。1963年，全市多所中小学实施新十二年制教学计划。实验一小也不例外，1960年秋，根据中共金山县委决定，在实验一小试行五年一贯制寄宿制，集中管理。

2. 教学计划改革

1957年7月11日，教育部颁发了《1957—1958学年度小学教学计划》，这个教学计划较1955年教学计划不同之处有：（1）农村小学高年级增设农业常识课，每周一课时，农村小学依条件决定是否开设手工劳动课。（2）从1—6年级每周增加一课时的周会，主要是对学生进行思想品德教育和作时事政策报告。（3）在执行中采取灵活性原则即允许各地方各小学因地制宜，作适当变更。①

1963年，在总结了1958年"教育大革命"的经验教训后，教育部重新制订了教学计划，即《全日制中小学教学计划（草案）》。新的教学计划对文化课、政治课和生产知识课，对教学、生产劳动和假期，都作了必要的安排，确立了以"双基"为重点的课程模式，即课程设置以系统知识传授为中心和以基本技能训练为重点，课程结构突出以文化知识课为中心，课程形式为知识性分科课程。② 各学科根据新的教学计划，制订了教学大纲，编写了新教材。

实验一小也紧跟当时的步伐，为了做到劳动教育经常化、普遍化、制度

---

① 王林海.新中国小学课程改革：历程、问题及走向[D].湖南师范大学，2004：9.
② 杨均，廖其发.1957—1965年我国小学课程改革"钟摆"现象分析[J].河北师范大学学报（教育科学版），2015，17（04）：81.

化,正式将生产劳动列入教学计划。通过劳动,贯彻理论联系实际的原则,扩大学生的知识面。同时,坚持全日制小学以教学为主,强调课堂教学是教学的基本形式,对师生参加劳动和社会活动做了限制,除课表中的劳动外,只参加"三夏""三秋"劳动。

3. 教学大纲改革

1958年8月,中共中央、国务院发布的《关于教育事业管理权限下放问题的规定》,使各地方踊跃自编教学大纲和自编教科书,但教材大纲和教科书片面强调"教学必须为无产阶级政治服务,教育与生产劳动相结合"的倾向,质量难以保证。

1960年,中央实行了"调整、巩固、充实、提高"的方针,教育上提出了"适当缩短年限,适当提高程度,适当控制学时,适当增加劳动"的方针。1963年5月,教育部颁发了小学语文、算术、历史、地理、自然、体育等科的教学大纲,扭转了各地自编大纲和教材的混乱局面。

1963年的小学各科教学大纲重新确立了各学科的性质与任务,尤其指明了语文和算术两科目的基础性与工具性,这是1958以后对语文和算术学科的重新认识,是对学校的劳动时间越多越好、减少知识教学等"左"倾教育思想的批判与纠正,使课程改革又重新迈入正规化的道路。同时,大纲有史以来第一次把"练习"作为教学内容写进大纲条款之中,指出为了培养学生的各种学习能力,在各科目中可以设置不同难易水平的练习题,重新树立传统的教学思想:能力的获得靠训练,多练才能使知识转化为技巧、能力。为了提高学生的知识水平与能力,教学大纲对教学内容加深充实,教学要求也相应提高,比如:把初一阶段算术课提前到小学阶段全部学完。①

实验一小根据颁布的教学大纲实施教学,稳固了小学语文和算术两门核心课程的地位,安排了较充足的课时。在各科目的学习中,设置一定比例的练习题,学练结合,提升学生的学习能力。

(三)"淑新"课程教材的改革与调整

1957年8月,教育部为了初步解决1956年初所编教材要求高、分量重、内容深而造成的教和学过分紧张的问题,发出《关于精简小学语文、历史、地

---

① 王林海.新中国小学课程改革:历程、问题及走向[D].湖南师范大学,2004:10-11.

理教材的通知》。这一时期进行了持续不断的教材改革,在改革、试验各地自编教材的过程中,逐渐形成了与1963年教学大纲相配套的教材。

1. 自编教材蔚然成风

1958年8月,中共中央、国务院发布了《关于教育事业管理权下放问题的规定》指出：以后教育部的任务之一是"组织编写通用的基本教材",各地方根据因地制宜、因校制宜的原则,可以对教育部和教育主管部门颁发的各级各类学校指导性教学计划、教学大纲和通用教材、教科书,领导学校进行修订补充,也可以自编教材和教科书。自新中国成立以来,国家第一次下放了中小学教材制订和编写权限,开始了第一次尝试探索课程由国家完全统一向局部多样化的教育改革实践。但自编教材和各地实验教材"贴政治标签",内容完全政治化,教材知识系统性差,既难教又难学,除了"大跃进"之类的宣言与口号,学不到什么实际知识。①

2. 教材乡土化探索

1958年1月,教育部发出《关于编写中小学师范学校乡土教材的通知》,要求各地根据党中央和毛主席的指示,在中小学和师范学校地理、历史、文学等科教学中都要讲授乡土教材,使教学内容更加丰富充实,生动具体,更密切结合地方实际情况,更好地适应我国地域辽阔、情况复杂的特点,以补充全国统一教材的不足。同时,确立了编写乡土教材的原则：(1)编写乡土教材必须符合党的教育方针和该科目的、要求；(2)适合于学生的年龄特征和接受能力；(3)必须着重以小学的农业常识,师范和中小学的历史、地理、音乐,师范、中学的文学和小学的语文等科为主；(4)选材范围小学应当以县、市或专区为重点。②

这个时期普遍推广使用的自编教材和乡土教材,虽然有利于弥补统编教材的不足,有利于课程教材的丰富和完善,但从1958年至1961年在实践中过分夸大了它们的作用,甚至提到不适当的位置,反而阻碍了课程教材的发展。③

鉴于上述问题,1959年6月,教育部要求人民教育出版社重新编写中小学通用教材。1960年下半年开始,人民教育出版社根据缩短学制、提高程度的指示精神,编写十年制中小学教材,这套教材从1961年起陆续出版

---

① 王林海.新中国小学课程改革：历程、问题及走向[D].湖南师范大学,2004：11-12.
② 刘英杰.中国教育大事典(1949—1990)[Z].杭州：浙江教育出版社,1993：144.
③ 王林海.新中国小学课程改革：历程、问题及走向[D].湖南师范大学,2004：12.

发行,供十年制中小学选用。1963年根据新大纲精神对此又做了修改,这套课本一直用到1966年"文革"开始为止,是新中国成立以来第三套全国小学通用教材。实验一小基于教育发展形势,要求学生能多读多写,故也曾使用过十年制教材。1961年夏,中央文教小组指示教育部重新编写十二年制中小学教材,历时二年,小学与初中教材编撰完毕。1963年秋季在全国十二年制学校供应使用,1964年起又依据教育部指示对教材做了精简。1965年8月再次修改,但因为1966年5月"文革"爆发,这套教材的后续教材没有正式出版,一再精简修改的这套教材也没有正式投入使用,这是新中国成立以来第四套全国通用教材。

(四)"淑新"课程方法的革新与实践

1. 推广普通话

本县各小学历年来用吴方言作为教学用语,实验一小也不例外。1959年,奉县文教科指令,选派实验一小语文教师王其至去北京进修,学习普通话。翌年学成回县,县文教科举办全县小学教师学习普通话学习班,由王其至执教,为全县小学教育运用普通话授课拉开了序幕。实验一小教师参加学习,学习班结束后,实验一小随即用普通话进行教学,后又广及会议用语和交谈用语,使普通话得以在实验一小普及。

2. 学习"黑山"经验

1960年,实验一小组织教师学习辽宁省黑山北关小学的经验:(1)知识归类,突出本质;(2)学习任务分步实现,先后交错,各有重点;(3)集中精力,猛攻关键;(4)多写多练,充分实践;(5)打好基础,丰富经验,大挖潜力;(6)猛攻中下,典型纠正,力争上游,全面跃进。

在低年级语文教学中,实验一小的做法是:大量识字,注重语文基本知识的训练,提前进入阅读教学和作文教学,精讲多练,充分实践。其中,李静娥、姚悦娥等在识字(音、形、义)、语音、写字、造句、说话等方面教学扎实,教学效果斐然。中年级语文教师贡根娣等在课堂教学中积极探索运用幻灯教学,激发学生的学习兴趣,提升课堂教学效益。高年级语文教师钟惠英等研究阅读教学,重点探索阅读教学中挖掘教材中语文知识点和内在的政治思想教育因素,通过字、词、句、段、篇的教学达到文道统一。

在低年级数学教学中,教师叶雅明针对数学启蒙教学的特点,抓住每一堂课的数学知识点,力求每堂课当堂理解、掌握和运用,不让学生所学新知识造成"夹生饭";力求教学概念清楚,不让学生形成模糊概念,当天作业当天批改,发现知识缺陷当天解决,为后续学习新知识创造条件。此外,其他老师也都有各自的教学特点和教学风格。实验一小多次组织教师在县或区县际进行观摩教学,请兄弟学校教师讲评,以达到交流教学经验的目的。

3. 贯彻落实"小学四十条"

1963年3月23日,中国共产党中共委员会发布了指导小学教育工作的文件《全日制小学暂行工作条例(草案)》,共八章四十条,又称"小学四十条"。主要内容有:规定了小学教育的任务和培养目标;规定了以教学为主的原则;规定了思想品德教育的要求;规定了师资队伍建设的要求;强调加强党的领导等。《条例(草案)》公布后,对促进实验一小教育教学的健康发展,不断提高教育质量起了很大作用。

4. 学习"育才"经验

1964年《上海教育》第4期以专刊形式,介绍育才中学的教学经验,即"面向实际,减轻负担,教得活泼,学得主动"。具体有4句话:"紧扣教材,边讲边练,新旧联系,因材施教。"实验一小学习育才经验,改进教学方法,正确处理教材、教师和学生之间的关系,做到针对原有知识基础,生动活泼地进行教学,既减轻了学生的课业负担,调动了学习积极性,又促进学校教学质量明显提高。但好景不长,同年下半年,"四清"工作组进驻学校,抓阶级斗争,批判"修正主义教育路线",历时一年,使学校的正常教学秩序再次被搞乱。

三、"淑新"课程变迁与回潮(1966—1976)

自1966年8月8日"十六条"发布后,全国各中小学学制不断变化,课程改革、编写教材的权利下放,各地情况各异。

(一) 教学改革的变迁

1. 改革教学内容

1967年2月4日,中共中央规定:"小学五、六年级的学生学习毛主席语录,老三篇和三大纪律八项注意,学习革命歌曲。一、二、三、四年级学生学习毛主席语录,兼学识字,学唱革命歌曲,学习一些算术和科学知识。"

1967年3月7日,《人民日报》发表社论《中小学复课闹革命》,号召"中小学各名师生,响应党中央的号召复课闹革命"。在小学,设有政治、语文、算术、革命文艺、军事体育和劳动等课程;中学设政治、工业基础知识、农业基础知识、革命文艺、军事体育和劳动等科,取消了文化课,废除了考试制度。课堂以学习毛泽东著作与《毛主席语录》为主要内容。由于当时学生学习的教材比较有限,因此教师们会在课堂上给孩子们讲讲故事,讲讲科学知识、道理等,以拓宽孩子的知识面,在教书的同时不忘育人,以培养学生的健全人格。

2. 提倡教育与生产相结合

1968年,实验一小属朱泾公社前进大队管理,更名为前进大队工农兵小学。学校把社会作为课堂,进行教学活动。如数学课教统计图表,就到生产队(或工厂)做调查、听介绍,然后列表作图计算。当时,每逢寒暑假,教师们都要前往农村进行为期三四周的生产劳动。逢农忙假,教师会带领学生来到农村,帮着农民伯伯干一些如拾稻穗、脱粒等简单的农活,体会农民伯伯春播秋收、日夜劳作的辛苦。同时,学生们还有机会尝一尝"忆苦思甜饭"。这都体现了实验一小当时的教育提倡教育与生产相结合的方式。

3. 贫下中农上讲台

当时,实验一小属前进生产大队管理,老师会带领学生访问老工人、老干部、贫下中农等,听他们回忆旧社会时期的艰苦生活,从而勉励学生珍惜当下,好好学习,为祖国做出贡献。与此同时,学校还会邀请一些经验丰富的工人叔叔、农民伯伯走上讲台,给学生讲一些生产劳动的相关小知识,让孩子们能够在今后的生产劳动中学以致用。

(二) 教材改革的变迁

1. "语录"为主要教材

1966年6月,中共中央、国务院批转教育部党组指示,不论高小或初小都要学习毛主席著作,初小各年级学习毛主席语录,高小可以学"老三篇"——《为人民服务》《愚公移山》《纪念白求恩》,以及其他适合小学生思想政治水平和语文程度的一些文章。

1966年7月,教育部颁布《关于印刷与发行小学讲授毛主席语录的通知》,要求"各省可以采用自编的毛主席语录本,也可采用中国人民解放军总政治部编印的毛主席语录本。"自1966年下半年新学期开始,中小学校教科书主要是以毛泽东著作与《毛主席语录》为主要内容。据统计,仅仅1966年到1968年11月,国内共发行1.5亿多册《毛泽东选集》、1.4亿多册《毛泽东著作宣读》、7.4亿多册《毛主席语录》《老三篇》《老五篇》等著作的汇编本及单篇本出版近20亿册。自通知颁布之后,原有的教材不能使用。因此,实验一小以"语录"为教学内容,毛泽东著作取代了语文教材,成为学生的语文课本。

2. "暂用课本"的使用

1967年10月,《人民日报》提出由师生自定方案、自定课程、自选教学内容、自编教材。于是,1967年开始,全国各省、直辖市、自治区相继成立中小学教材编写组,秉承毛主席"学制要缩短,课程设置要精简。教材要彻底改革,有的首先要删繁就简"的指示,开展以服务生产、培养普通劳动者为宗旨的中小学自编课本工作。复课后,小学课本集中在1967—1968年发行。其中,以上海中小学暂用课本最有影响力,受到全国各地的翻印。

实验一小从1966年"通知"颁布后开始使用"语录"为教材,直至1968年才有教本。

3. "试用课本"的出现

1969年后至1971年间,实验一小采用了市编教材。随着中小学教学秩序的逐渐稳定,新的不同学制的试用课本在学校中试用,所以这一阶段的课本大多以"试用课本"的名义出现。与前一期的课本相比,它又有自己的特点:这次的教材没有再选毛主席图像作为封面,有的以钢铁工人为封面,有的以学生学习情境为封面,有的以农民丰收为封面,还有的以军人形象为封面;描绘的是关于欢乐、丰收、鼓舞士气的场景,体现了人民群众幸福的生活、激昂的斗志等。这一时期大多数省份的语文教科书内封中毛主席的图像也取消了,仅仅保留了毛主席关于学制改革和教育革命的论述。有些省份也取消了封底毛主席的"最高指示",而只保留了编辑说明。

上海市发布的小学课本《语文》取代了上海市小学"暂用课本"。在选材方面与暂用课本很相似,最高指示也是书的重要组成部分。

(三)教材改革的"回潮"

1. 教科书基础知识的"回潮"

1971年后,教材的封面设计开始回归朴实,小学课本大多描述学生学习、工人工作和农民劳动的情景。教材比较重视基础知识和基本语文技能的学习。低年级的语文课本有拼音注音,课文内容更简单,字数也相对少一些,每篇课文后面都有生字表,每册书的最后都附有生字表。

2. 语文教科书的"返回潮"

1974年,国务院科教组召开了教材改革座谈会,要求部分省市对现行教材进行一次认真的检查、修订,甚至重写。要根据小学生高低年级不同的特点,开展社会调查、讲故事、编歌谣等各种形式的批林批孔活动。在发动群众的基础上,为中小学编写一些宣传马克思主义的韵文启蒙读物。而本次教材最大的任务,就是要指导学生参加社会实践,从三大革命需要出发,从纯实践出发编写教材。语文等文科教材,如何做到实践第一呢?毛主席关于"文科要把整个社会作为自己的工厂"的指示,不仅适用于大学、中学,同样也适用于小学,指明了接下来中小学文科类教材编写改革的方向。

四、"淑新"课程的恢复与发展(1978—1988)

(一)恢复期的"淑新"发展概况

1976年10月,"四人帮"集团被粉碎,学校进入了一个新的历史时期。在粉碎"四人帮"后的一段时间里,在"两个凡是"的指示下,教育领域揭批"左"倾不够有力。学校虽然已经恢复正常上课,但是仍旧片面强调联系实际,突出政治,把社会作为课堂,强调"走出去、请进来"。教师、学生或去农村、工厂进行现场教学活动,或请工农兵讲师、红小兵上讲台讲课,严重影响教学质量。除教学外,教师和学生还有割草积肥等支农任务,割草指标定得很高,课余时间全部投入,尚难完成任务,教师没有精力开展教学研究。

直到1977年,邓小平提出《关于科学和教育工作的意见》,此后对教育工作提出"三个面向"——"面向世界,面向未来,面向现代化。"从此,学校教育工作有了转机,破除了"两个凡是"的束缚,推翻了"两个估计",教育战线出现了许多新的现象,实现了拨乱反正,学校获得了新生。

1. 校名更替及班级概况

1978年8月,恢复中心校,学校更名为朱泾中心小学,属朱泾公社管理。1981年8月,金山县教育局命名实验一小为金山县实验小学。1982年9月,学校再次更名为朱泾中心小学。1984年年底,恢复实验一小为县实验小学,另设朱泾中心小学领导班子,原辅导区小学从属朱泾中心小学。

2. 校领导班子重建

1978年4月,邓小平在全国教育工作会议上的讲话中指出:我们要根据新的形势新的要求,采取有力措施,更加有效地贯彻毛主席所提出的根本方针,即"教育必须为无产阶级政治服务,必须同生产劳动相结合"。

在此背景下,金山县教育局重新确定实验一小为县重点小学,并建立朱泾中心小学党支部,由李静娥担任党支部书记。同时组建了学校行政领导班子,任命李静娥为校长,并任命了一名副校长,四名正副教导主任,恢复了教导处、事务处和教研组。学校党支部领导并指导校教育、教学工作。

3. 校工作重点转移

党的十一届三中全会以后,实验一小把工作重点转移到"全面贯彻党的教育方针,坚持以教学为中心,提高教学质量"上来。学校的群、团组织进一步健全,并积极开展各项活动,加强了政治思想工作,领导全体教职工集中精神把学校教学工作抓好,文体、卫生工作等也取得了很大成绩,教育教学质量不断提高,校风校貌焕然一新。

(二)恢复期的"淑新"教育教学

1. 学校教学秩序的重建

1963年3月23日,中共中央印发《全日制小学暂行工作条例(草案)》在全国各地分期分批试行。"文革"开始后,试行工作被迫停止。1978年4月修订为《全日制小学暂行工作条例(试行草案)》,仍为八章四十条。同年9月22日教育部通知试行。《全日制小学暂行工作条例(试行草案)》适用于全年有九个半月教学时间的全日制小学。分总则、教学工作、思想品德教育、生产劳动、生活保健、教师、行政工作、党的工作和其他组织工作等,规定小学应该贯彻执行教育为无产阶级政治服务、教育与生产劳动相结合的方针。

1980年—1981年开始,实验一小贯彻执行市教育局制订的《中小学校长、教导主任领导教学工作的意见》(试行稿)、《教师备课的几点要求》(试行稿)、《教研组长职责》(试行稿)。这些教学文件对学校管理的各方面都作了规定。实验一小从此重新建立了正常的教学秩序,步入常规学校管理。

1978年,实验一小执行修正后的《全日制小学暂行工作条例》。是年,新学制小学为五年,一年级使用新教材,即全国统编小学教材;次年,各年级全部使用新教材。1981年8月,金山县教育局命名实验一小为金山县实验小学,恢复重点小学建制。是年秋起,学制由五年制改为六年制。为了有利于教学工作,搞好学制过渡,实验一小把三年级学生按年龄分为大四、小四班,大四年级仍是五年制,小四年级改为六年制。

2. 教学内容的确立

根据《全日制小学暂行工作条例(试行草案)》第二章第九条:"全日制小学设置语文、数学、政治、常识、体育、音乐、美术、劳动等课程。应该特别注意语文和数学的教学。……小学语文课应该基本完成识字任务,打好阅读、写作的初步基础。要学会汉语拼音作为识字的辅助工具,学会普通话,掌握常用的词汇,流利地诵读课文,并且能够背诵教师指定的一部分课文,字写得端正;会写一般的记叙文和应用文,语句通顺,注意不写错别字,会用标点符号。一般不要把语文课讲成文学课或者政治课。小学数学课应该加强数学基础知识的教学和基本技能的训练。要使学生做到公式熟,运算正确和迅速。要培养学生的计算、逻辑思维能力和解答应用问题的能力。书写格式要符合规定。"①

1978年,暑假开学后,实验一小为了抓好教学工作,根据相关规定,设置学校课程,并加强学科组建设。

3. 学科教研组的建设

(1) 建立学科教研组

实验一小将语文和数学作为重点学科。语文、数学组均以年级为单位各建立了五个教研组。英语、音乐、体育、美术也各单独建组。充分发挥教研组的作用,加强教学研究。各教研组由校长选拔业务能力强、有较丰富的教学经验和一定思想水平、组织能力强的中、老年教师担任教研组长,由教

---

① 全日制小学暂行工作条例(试行草案)[J].安徽教育,1978,(12):8-13.

研组长把好各教研组的教学关。

（2）明确教研组工作职责

实验一小组织教研组长学习教研组长的工作职责，明确教研组是学校组织教师开展教材、教法研究，探索教学规律，进行教学管理，提高教学质量的最基本的业务组织形式。

（3）开展教研组工作检查

每学期教导处定期召开教研组长会议，部署、检查、交流教研组工作。校长、教导主任根据其工作特点和业务专长分别落实到一个教研组参加教学活动，抓好一个年级的教学工作，帮助教研组制订好一学期的教研工作计划，深入教学班，参加教研活动。

（4）明确教研组活动内容

教研组活动以熟悉教材、研究教法为主，在认真学习大纲，掌握教材的基础上，教研组内做到三个统一：即统一各年级学科的教学目的、要求，统一教学进度，统一练习内容。各教研组期初制订好教学计划，确定重点研究专题，各组每学期上两次实践课，研究改进教法、提高课堂教学质量的措施。同时抓好期中期末的考试和试卷质量分析，及时总结先进教研组积极开展教研活动、提高教学质量的经验，并加以推广。充分发挥教研组在改进教学、提高教学质量中的作用。

实验一小以教研组建设为切入口，开展教学常规建设，取得了非常好的成效。1983年，实验一小语文教研组评为市优秀教研组。

4. 备课要求的规范

课堂教学是教学的基本形式。教师必须钻研教材，了解学生的学习情况，改进教学方法，认真备课，提高课堂教学质量。1978年后，实验一小重视以备课为前提，以课堂教学为中心的各教学环节的常规建设。通过总结回顾，联系学校实际，把一些合乎教学规律、有普遍指导意义的经验进行概括总结，形成条文，以利于指导教学工作。通过教学实践，实验一小对学生的各科作业和作业量要求都做了统一规定，印发给各教研组实施。此外，重点对备课常规和课堂教学常规提出了要求。

以下是当时的备课常规要求：

第一，要求教师做到"三备"，即备教材、备学生、备教法。

备教材：学习大纲，学习分年级教学要求，对全册教材要进行钻研，阅读有关的教学参考书和参考资料。明确本学科的教学任务,掌握教材编写意图和内容体系,弄清各单元各章节之间的关系、重点和难点。

备学生:了解学生的原有知识基础、思想实际、年龄特点以及学习方法和学习习惯。

备教法:根据精益求精、精讲多练的原则,在熟悉、掌握的基础上考虑教法,采用适合教材特点和学生实际的能完成教学任务的最佳教学方法。

第二,要求在备课中运用三种备课方法:即学期备课、单元备课、课时备课(也称作为看全册、备一组、上一课的备课法)。

学期备课:学期开始前,在通读全册教材的基础上,制订好学期教学进度计划,编写好学期教学的总要求,各章节、单元教学要求和时间,以及教学中所需的教具。

单元备课:以单元或章节为单位,从全册考虑联系前后单元制订出单元计划,编定单元教学目的要求,课时的划分,每课的课型、教法和所用教具。

课时备课:要求超前备一周的课,把单元教学的任务落实到每一课时中去,写出课时计划。课时计划的详略不作统一要求,但每一个教师对每一堂课必须有一张教案。

第三,备课要做到"三充分"。

教导处明确规定:备课以个人自备为主,在个人钻研教材的基础上教研组集体备课,每次活动由一名教师中心发言,然后集体讨论。集体备课要集思广益,共同研讨,充分发挥骨干教师的作用,也发挥集体智慧,使各班教学质量全面提高。针对使用统一教材,而班级之间、各班学生之间客观上存在差异,程度差的学生难以接受教学要求,为解决同年级学生程度悬殊的状况,实验一小提出及时拉差补缺,使各班能有比较整齐的学习程度,缩小差生比率。

5. 教学方式的研究

为解决教学思想陈旧、教学方法落后的问题。实验一小领导带领全体教师学习教育理论,聘请县进修学校教师来校讲授《教育学》《心理学》。

为了学习先进的教学经验,实验一小与上海市蓬莱路第二小学结对,邀请蓬莱路二小的特级数学教师封礼珍来校上公开观摩课,还邀请其他市优秀教师乔永吉、贾志敏、裴芬华等来校讲学。除了"请进来",实验一小还积极组织教师"走出去"。1981—1982年,实验一小分批选送有培养前途的中青年教师去威海路三小、静安区一中心、闸北区一中心各2人,去南码头小学6人,请他校有经验的教师带培。南码头小学领导也曾来校指导工作。教师们每批培训半年,教学水平提高很快。除此之外,实验一小也组织教师外出去往上海市区、苏州、南京等地学校听观摩课。回来后,进行学习讨论,并上实践课。通过学习和实践相结合的方式,教师们开阔了眼界,启迪了思想,了解了当前的教改总趋势,看到了自己教学中存在的问题,调动了教师的教改积极性。

实验一小把教法改革作为改进教学的重点,要求老教师结合实践,不断改进教学,探索教学规律,总结经验,使其业务更加成熟,逐步形成自己的教学风格。提出教师要解放思想,大胆实践,围绕"加强基础,培养能力,发展智力"这个中心,积极摸索教学规律,努力改进课堂教学方法,达到减轻学生过重负担,提高教学质量的目的。实验一小确定了重点试验的学科和教师,并实行重点试验和群众性试验相结合,学习贯彻市教学处几个教学文件,开展群众性的教学研究月活动。

语文重点研究阅读教学的讲读法。1984年,着重研究语文课堂结构改革。1985年,着重研究说话教学。特级教师赵明华针对学校长期存在的三年级语文教学瓶颈,研究三年级语文教学特点,自创"三年级语文教学衔接法",主要抓好4个过渡:即从识字教学为重点到理解词意、积累词汇为重点并重视阅读的过渡;从朗读到默读,提高学生读书能力的过渡;从主要由教师教到在教师指导下学生自己学,提高自学能力的过渡;从说到写,以句段为重点进行写作训练的过渡。由于采取上述措施,长期困扰的三年级语文教学质量比较顺利地得到解决,赵明华老师也因此获得金山县教育科研成果三等奖。赵明华老师还创造了"一课一得"的经验,即每堂课的教学要求不贪多求全,大胆取舍,突出重点。一堂课攻一个重点,精讲多练,设计好练的内容,让学生把学到的知识转化为能力,使中高年级语文教学质量大幅度提高。赵明华的经验,不但在实验一小起推动作用,而且对全县语文教学也有指导意义。

数学学科研究新授课和练习课的课型。高年级数学教师陆家傑、杨锦华等注重弥补与新知识有联系的旧知识的缺陷,新旧知识的连接,重视新知识的运用,指导学生自编与新知识有关的应用题,自编自解,提高能力。

除了由特级教师赵明华等在校进行实验教学,县教育局进修学校也来校指导,并开了"落实教学文件,开展教学研究"等现场会,举行公开教学,开展听课、评课活动,教学研究取得了一定成果,得到兄弟学校的普遍好评。同时组织教师开展人人献课活动,个个上实践课,使教研活动经常化、制度化。一些重点试验的公开课,校长、教导主任都参加备课、听课、评课活动,不断总结推广经验。到1985年,实验一小已对低年级识字教学、说话教学和高年级的阅读教学作了总结。数学教学在封礼珍老师帮助下对上课中讲清概念、注意趣味性、提高学生积极性、培养智能等问题引起重视,积极进行研究和改进。

6. "第二课堂"的探索

新时期的教学工作不应该只是把学生关在教室里,与课本作业打交道,因此实验一小积极组织学生参加各种课外小组与社会活动。从1981年起,实验一小开辟第二课堂,成立美术、书法、写作、舞蹈、玩具制作、合唱、腰鼓、队鼓、篮球、足球、乒乓球、武术、记者协会、国际象棋、刺绣、编织、无线电、航模、数学、英语会话等20多个兴趣小组。其中美术小组成绩卓著,也开启了实验一小"艺术美育"实践探索。当时美术老师冯建中在课内打基础,提高和丰富学生的艺术水平和情趣,在课外兴趣小组重点辅导。不少有艺术才华的学生脱颖而出,在县市比赛中屡屡获奖,美术教研组也被评为上海市美术教学先进单位。

1982年,学生曹晖工艺品《狗》、徐刚和夏晓东的绘画作品参加市少儿美展。1983年,沈佳颖、曹晖、徐刚、洪莉的绘画作品参加市少儿美展。1984年,聂喆、朱纲、吴赟、曹晖、李纲、王平的绘画作品参加市少儿美展。朱纲的《护树》、聂喆的《水上芭蕾》参加全国少儿美展。朱纲的《上学去》参加西班牙国际少儿美展。曹晖的《吃汤团》参加日本横滨少儿美展。朱纲的《大白菜丰收》参加芬兰第六届国际青少年画展。在作文方面也有突出成绩,1982年,姜静凤的《妹妹哭了》参加市作文比赛获三等奖。体育方面,1981—1983年,连续三年实验一小被评为上海市健康优良学校;1983年,获上海市郊县跳绳女子团体第一名;1984年,被评为上海市施行国家体育锻炼标准先进学校。

7. 德育工作的实践

恢复期对学校德育工作提出了新的要求:1986年,《全日制小学思想品德课教学大纲》颁布；1987年，上海市人大常委会通过《上海市青少年保护条例》；1988年，国家教委制订《小学德育纲要》和《小学生日常行为规范》；同年12月，中共中央颁发《关于改革和加强中小学德育工作的通知》。

实验一小在坚决贯彻实施这些文件、法规的基础上，以"二会一课"为主阵地，以班主任工作为抓手，建立了课内、课外、校内、校外、学校、家庭、社会全方位的德育教育体系，形成了以爱国主义为主线，少先队工作为龙头的学校德育工作特色。

（1）加强思想政治教育

党的十一届三中全会以后，随着工作重点的转移和拨乱反正的实现，实验一小加强了学生的思想政治教育。思想政治教育的主要内容是：坚持四项基本原则的教育；爱国主义和革命传统教育；共产主义理想和共产主义道德教育；《小学生守则》及纪律教育；形势教育。

实验一小党支部和行政领导为加强学生思想政治教育工作，统筹规划，制订了下列主要措施：

端正办学思想，全面贯彻党的教育方针，全面安排学校工作，德智体三育一起抓。党支部和行政领导委派专人分管学生思想教育工作，成立由党政工团妇人员参加的学生思想工作研究小组，定期研究部署思想教育工作。定期检查评比，总结学生教育工作，发扬先进，带动全局。

充分发挥正、副班主任在思想教育工作中的作用，加强班主任工作的责任制。学校行政领导定期召开班主任工作会议，请优秀班主任进行介绍，交流班主任工作经验，发扬先进，提高了各班班主任的工作责任心和积极性，使班主任在思想教育工作中起到了骨干的作用。

加强思想品德课的教学研究，发挥思想品德课在思想教育中的重要作用。实验一小成立思想品德课教学研究小组，根据大纲要求，贯彻理论联系实际的原则、每学期各年级都上研究课，不断改进教法，提高上课质量。班主任认真制订教学计划，各年级按少年儿童不同年龄特点，用多种形式，对学生进行思想教育，克服死啃书本，抄条、背条的现象，注重学生的共产主义世界观、道德和行为习惯的培养。

实验一小教育全体教师树立教书育人的观点，要求教师做学生的表率，学会人人做学生的思想工作，育教育于教学之中。各学科教学中，除传授科学知识外，还有机地结合实际进行思想教育。语文课在教学中做到文道统一,历史、地理课对学生进行爱国主义教育,数学、自然课对学生进行辩证唯物主义教育。这样做,使学生受到经常的良好的思想熏陶,教育效果显著。

发挥班队会的作用,有计划地组织班队活动,寓教育于活动之中。实验一小坚持隔周一次班队会活动制度,做到学校有少先队工作计划,各班有班队活动计划和晨会计划。实验一小每学期对各班的班会、队会、晨会的备课笔记进行检查,及时发扬先进。

实验一小还制订了一些学生言行的规定,以利于把精神文明建设经常化、制度化。1978年,实验一小制定了"学生常规十条";1982年,各班制订了"尊师爱生公约"和"卫生公约",实验一小还印发了文明礼貌用语给学生。这些规章制度的制定,对培养学生良好的道德品质和文明礼貌习惯起了积极的作用。

(2)加强爱国主义教育

改革开放以来,实验一小加强了对学生的爱国主义教育。如对学生进行国旗、国歌、国徽、版图和首都的教育。每学期开学第一天,实验一小请特级教师赵明华授国旗,举行升旗仪式,对学生进行热爱国旗的教育。在历史、地理学科的教学中,结合教材,对学生进行热爱祖国的教育。每学期组织师生对学生宣讲古今英雄人物、爱国科学家、军事家的故事,激发学生爱国热情。各班都制订了文明礼貌守则,教育学生做一个有理想、有道德、守纪律的社会主义接班人。

实验一小常年开展"学雷锋、树新风,创自动化中、小队"活动,月月有一个教育的中心内容。1981年以来,实验一小进一步贯彻《小学生守则》,深入持久地开展了"五讲四美"(讲文明、讲礼貌、讲道德、讲卫生、讲秩序)"三热爱"(热爱党、热爱祖国、热爱社会主义)教育活动。

1982年起,实验一小将每年11月定为学校的"爱科学月",学生开展读科学书、讲科学家的故事、做小实验、制作科技小制作的活动。1982年开始,一年一度的3月份开展"文明礼貌月"活动,积极鼓励小朋友们学雷锋、做好事。1983年,实验一小开展了学习张海迪大姐姐、朱伯儒伯伯的活动。这些活动的开展,使学生思想面貌和学校风气又有了可喜的变化。

1985年,实验一小两次请老山战斗英雄来校作云南边防英雄事迹介绍,让学生受到了强烈的爱国主义教育和理想教育。并研讨如何在思想品德课中渗透法制教育,对小学生进行较系统的遵纪守法教育。同时,也重视抓家庭教育，通过家访、召开家长会、举行"科学育儿"讲座等形式使家庭教育与学校教育同步。

综上所述，1958—1988年这一时期，在教育大改革的时代浪潮下，实验一小积极响应国家政策，跟进改革教育教学，探索符合国情的社会主义教育实践之路，在课程标准、课程制度、教材及教学方法上不断革新。混沌期结束后，实验一小恢复教学秩序，通过一系列学习借鉴和实践创新，教育教学常规工作开始稳步向前发展，学生的德育、智育、体育、美育都有一定的发展提高。

第五章 "淑新"文化的改革与时代解读(1988—)

一、"淑新"课程改革的基地示范与引领(1988—2000)

党的十一届三中全会以后,在教育大整顿中,实验一小教育教学常规工作开始逐渐恢复或重建。教师们也能静下心来专注教学研究,探索教学规律。由上海市特级教师赵明华等探索形成的"三年级教学衔接法""一课一得"等经验,"第二课堂"的设计研究,以及教师们在实践中形成的"人和心齐,求实创新"校风,"求严、求实、求活、求新"教风,为"淑新"课程改革在1988—2000年间开启一段全新的研究历程提供了扎实的理论与实践基础。

(一)"淑新"课程改革的实验背景

1. 如火如荼的全国课改

1985年,中共中央颁发了《关于教育体制改革的决定》,该决定标志着我国中小学教材开始由国家大一统走向区域多样化。

1986年,第六次全国人大四次会议通过了《中华人民共和国义务教育法》,以法律的形式保障了我国义务教育制度的普及,明示着基础教育课程的改革与调整,目标就在于培育德智体美等方面全面发展的社会主义建设人才。

1992年,《九年义务教育全日制小学、初级中学课程计划(试行)》提出了"面向全体学生""因材施教,促进学生个性的健康发展"等一系列改革理念。第一次在课程计划中出现了两种课程类型,即学科课程与活动课程,并适当增加了音体美类和劳动技术类的课程比例。

1993年,中共中央、国务院发布了《中国教育改革和发展纲要》,提出我国教育要由"应试教育"转向全面提高国民素质的轨道,面向全体学生,全面提高学生的思想道德、文化科学、劳动技能和身体心理素质,促进学生生动活泼地发展。①

2. 势在必行的上海课改

在全国轰轰烈烈推进课改的同时,1988 年,上海受原国家教育委员会委托,开始承担发达地区九年义务教材的编写工作。至此,上海重点聚焦"四个素质和健康个性培养"的课程培养目标,启动了中小学(幼儿园)课程改革(后被称为"课程改革第一期工程",简称"一期课改")。②

上海一期课改,把培养学生的素质放在核心的位置,率先提出发展学生的个性,并在实践中形成了许多创新与特色之处:确立了培育思想政治素质、科学文化素质、身体心理素质、劳动技能素质和健康个性的课程培养目标,构建了"必修、选修和活动"三个课程板块,架构了学校、家庭、社会"三位一体"的德育渠道,建立了由思想政治课程、班团队活动、社会实践活动和各学科课程组成的"三线一面"德育体系,制定了《上海市中小学教师进修规定》,规范了教师培训体系等等。

3. 顺应发展的美育研究

《中国教育改革和发展纲要》中指出:"美育对于培养学生健康的审美观念和审美能力,陶冶高尚的道德情操,培养全面发展的人才,具有重要作用。"对于广大小学生来说,在实施由应试教育向素质教育转轨的过程中,必须进一步提高对美育重要性的认识,开展生动活泼、形式多样的美育活动,为全面提高社会主义新型人才的素质打牢基础。③ 受本地文化的影响,在80 年代末,实验一小一批执着革新的教师把民间艺术如金山农民画、金山黑陶等融入"淑新"课程中,为开展美育实践研究提供了范例。

面对全国如火如荼的课改,1989 年,实验一小借助美育的育人功能,开展县级课题《用美育塑造社会主义新一代》研究,针对不同教育对象进行审美教育,落实美育任务,实现以美育人的目的。这一研究成果,为学校特色办学开阔了视野。1997 年,实验一小开展市级课题《小学美育各年级目标的研究》,进一步探索以美育人的途径与方法,以全方位、多角度把美育思想

---

① 中国教育.中国教育改革和发展纲要.中国教育,1993 年 3 月.
② 徐淀芳.初心如磐 筑梦前行——上海基础教育课程改革 30 周年回顾[J].上海课程教学研究,2018(01):3-6.
③ 冯建中.浸润美育特色的学校文化历程[C].中国教育出版社,2005:06.

贯穿到学校各项工作中。

根植于"淑新"课程的美育研究，发展了"淑新"课程的研究视角，也为学校开展"一期课改"研究奠定了基础。1991年起，实验一小被定为全市26所课程教材改革试点小学之一，由此吹响了"淑新"课程全新探索的号角。

(二)"淑新"课程改革的示范实践

1."淑新"课程改革的目标

面对新课程新理念，实验一小决定以"关注生命，以美育人，实施素质教育"为课改主题，聚焦课程方案、课程标准和新教材进行整体试验，实施美育引领下的素质教育实践。在实践中落实"两个改变，三个突破"①（即改变以升学为中心的"应试教育"课程教材体系，改变以必修课为主体的课程教学模式。减轻负担，提高质量；加强基础，培养能力；提高素质，发展个性），努力把学生培养成"品德高尚、习惯良好、基础扎实、能力较强、爱好广泛"的21世纪接班人。

2."淑新"课程改革的实践

(1)建立"两个板块"管理体系，构建素质教育框架

一期课改的显著特点在于从原来主要由必修课构成的学科中心模式改变为由"必修课""活动课"两个板块组成的新型课程。实验一小将美育融入课程建设中，注重学生素质、个性特长的培养，根据两个板块不同目标指向，构建素质教育框架，强化管理，努力克服应试教育的影响。

对于必修课，在借鉴前辈教学研究的基础上，重在教学常规的建立，如备课、作业、评价等，夯实学生的"双基"；对于10节活动课，则充分关注与尊重学生的个性发展，积极开发学生喜爱的课程。同时注重德育"三线一面"体系的构建，探索师生参与的评价机制，以培养和塑造适应新时代的学生。

(2)探索两个板块实施方式，提高学生整体水平

为确保两个板块的课程模式不走样、不转向，实验一小根据两个板块课程目标，积极开展探索实践活动，在提高基础教育课程有效性的同时，着力发展活动课程，努力提高学生整体素质。

1)加强必修课教学研究，落实课改目标

为加强基础，培育能力，在必修课学习中，教师们花大力气研究教材，通

---

① 王月芬.课程改革：让上海教育从量变到质变[J].人民教育，2016(8)：44-47.

过新老教材的比较，美育目标的细化，寻找落实课改目标的切入点。着重在三方面下功夫：

一是在备课上下功夫。面对全新的教材，实验一小组织教师细致解读课程标准，了解各科教学内容和教学要求，认真学习各科教材，揣摩、领会教材编写意图。备课突出三备，即备"思考"、备"观察"、备"操作"，顺着教材思路反复琢磨，根据学生的认知规律精心确定最佳的教学方案，以达到提高教学质量的目的。备课常规的建立，有效保障了学校课程改革的深入推进。

二是在学法指导上下功夫。在教学研究中，根据教材特点，突出学法指导，加强"双基"。借鉴前辈探索形成的"三年级教学衔接法""一课一得"等经验，开展"以教法导学法"的教学法研究，即通过教法的渗透，让学生去揭示学法的程序，让学生的学习有章可循，有法可依，从而实现从教为主转到学为主的教学组织上，达到教和学的和谐统一。

三是在评价研究上下功夫。为保障课改的有效落实，实验一小关注教师对课程的把握情况，以及学生的学习发展情况，并对结果进行及时分析、反馈，提出改进方案，确保教学的有效性。

对于教师的教学主要关注三个能力：根据课程教材改革的总目标，教育思想转变和教育观念更新的能力；对原有陈旧教学方法进行回顾、反省、变革的能力；熟悉课程标准和教材内容，在教学实践中选择适切教学方法的能力。

对于学生的学习质量，主要采用"观察分析评估"与"数量分析评估"相结合的方法来观测。"观察分析评估"是指关注学生在教育教学中反映出来的能力。不单看学生的成绩结果，更关注学生在学习过程中的情况和过程性发展，通过观察和评估学生的日常行为规范，运动会、各学科竞赛、技艺竞赛等活动，以及课堂教学中的思维能力、口头表达能力、动手操作能力等，将观察到的情况进行分析、整理、比较，提出看法和意见，再及时反馈给相关教师。"数量分析评估"是指各种口头和书面测试。对每阶段卷面测试进行集中封闭批卷和质量分析，找出薄弱环节，提出改进意见，并及时反馈给执教者。对口头测试，从各班随机抽样一部分同学到校长室、教导处进行测试，掌握第一手资料，找出问题，尝试解决，力求缩小同年级班级之间的差距，保证大面积提高教学质量。

2）重视活动课课程建设，灵活安排内容

一期课改增加了活动课，使其达到了与必修课并驾齐驱的地位。活动课分为两类，一是课程安排中的 10 节活动课与每学期一周的社会实践活动,二是与必修课相结合的活动课,如语文课,它也是由语文课堂教学和语文活动两个部分组成的。它是前期第二课堂的规范与发展。

对于10节活动课,实验一小以"提高素养,发展个性"为目标,关注三方面建设,灵活安排内容:

一是关注课程的开发。本着满足学生对兴趣活动的需求和发挥学校教师特长、发展学生个性爱好的原则,实验一小安排了数学游戏、小制作、直笛、舞蹈、书法、画图、电子琴、棋类等8项兴趣活动,旨在让每个学生学有所长,以适应社会对人才需求的多样化与人的发展的多样化。

二是尊重学生的自主选择。实验一小允许学生在每学年初对自己所选的兴趣课进行调整,给予他们重新选择的机会。对于一些有特长有天赋的学生,实验一小也进行积极引导和培养,帮助他们发展一技之长。基于此,实验一小在设置兴趣课程时,分为三个层次:

第一层是"普及型"。低年级学生的兴趣爱好多变,个性还未形成,不宜过早定向,应以兴趣的广泛性为基础。为此,实验一小以教学班为单位安排各种类型的兴趣活动课,各类活动课轮流进行,短则五六周,长则一学年,可以让学生在广泛的接触中开拓知识面,培养兴趣,寻找个性发展的方向。

第二层是"提高型"。三年级以后,由于学生兴趣爱好有差异,要求有高低,加上学前基础不一样,为满足不同学生学习需求,推进学校特色发展,实验一小发挥特色教师作用,开设"绘画""书法""泥塑""工艺""二胡"等学生自愿报名参加的兴趣活动提高班。这种形式可以使学生自然定向,兴趣能力得到培养与提高。

第三层是"发展型"。这个层次也是安排在三年级以后,目的在于"各得其所,发展特长"。大部分学生经过了低年级广泛接触和自选兴趣后,有的选定了自己的发展方向,有的想另选爱好,也有部分学生放弃,或者发展第二爱好。基于这些不同需求,实验一小允许变通调整,开设了"儿歌朗诵""趣味数学""英语口语""文学创作"等学科类课程,以及"创造画""泥塑""剪纸""形体""器乐"等技艺类活动项目,改变家长重学科轻技艺的思想,求得学生全方位和谐发展。

三是强化活动课的管理。每学期开学初,实验一小都会要求指导老师根据活动的教育性、兴趣性、自主性、实践性四大特点,制订好全学期活动计划。同时要求任课老师对每堂活动课安排好内容,写好指导计划,做好有关活动场地和器材的准备,并填写好兴趣活动情况记载手册(见图5-1)。在

146　百年"淑新"文化引领下的学校课程审视与未来构想

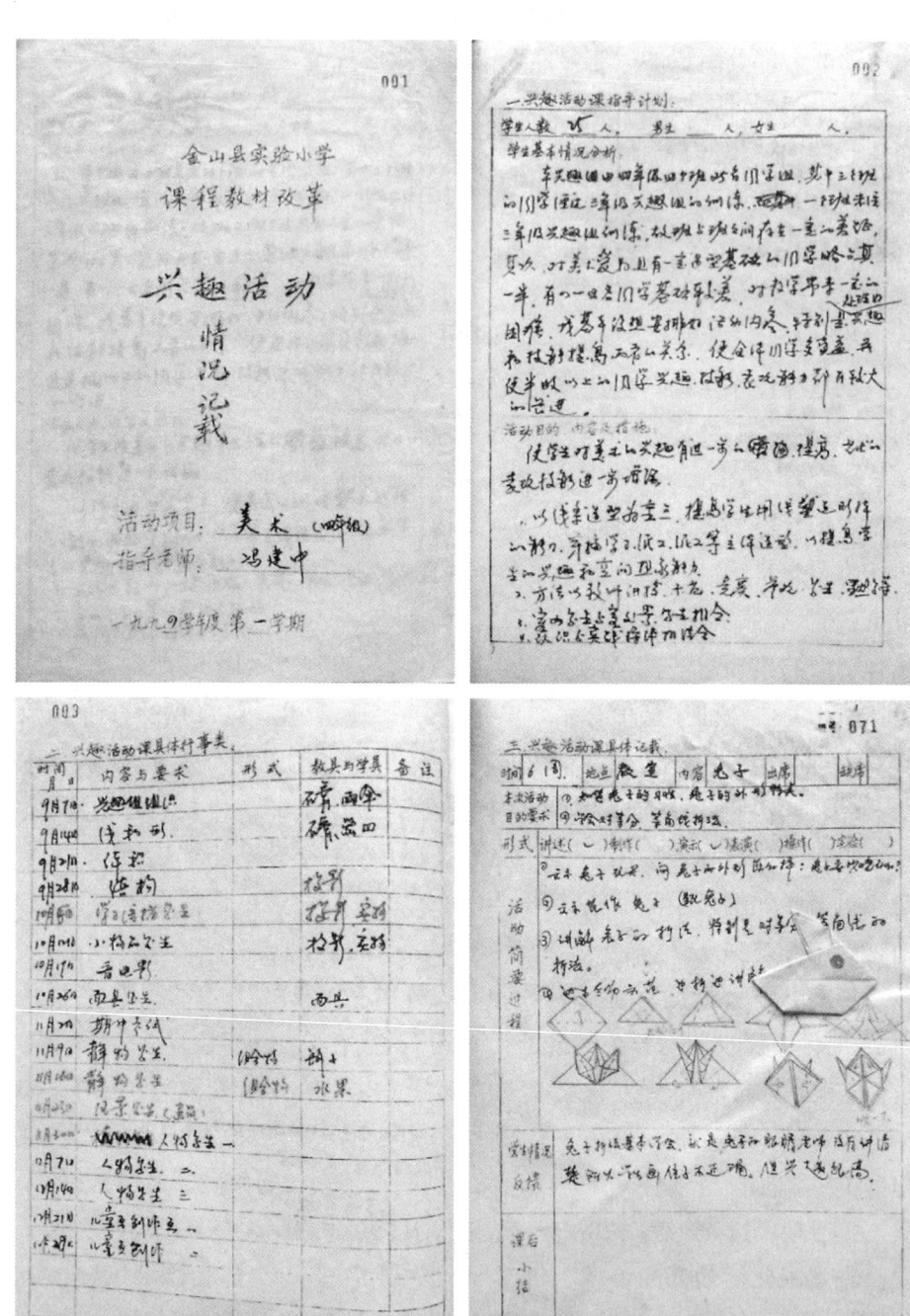

图5-1　兴趣活动情况记载手册

实施中,实验一小安排专人检查。每学期结束时,实验一小组织人员对活动课的成效进行抽样考察,并通过"填写情况统计表""写活动小结""检查活动课教案""展示活动课成果"等形式进行成效考核,与教师结构工资挂钩。

(3) 构建"三线一面"德育体系,提高德育教育效益

一期课改加强了德育课程建设,把对学生进行社会主义思想、品德教育放在首位。不仅改革了显性德育理论的内容和方法,还注重潜移默化、情意效应的隐性教育的作用,故此设计了"三线一面"的德育体系。"三线"即每周3次各15分钟的思想品德课,每周一节班队活动课,每学年2—3周的社会实践课,"一面"是指学科教学和各项活动都要贯穿和渗透德育。

在德育教育中,实验一小融入美育的形式与手段,以《上海地区三线一面德育体系的研究与实践》课题为引领,对"三线一面"从内容到方法做了全面安排,加强学生的爱国主义教育和行为规范的训练,并将学校、家庭、社会各要素凝聚成合力,使课内课外、校内校外相互渗透、通力协作,塑造美好心灵,使真善美得到完整的统一。

1)"线"和"面"各司其职,努力提高学生思想道德素质

根据实际情况,实验一小一方面重视班主任队伍建设,开设班主任工作讲座,定期召开班主任工作例会,另一方面在全体教职员工中真正落实"人人都是德育工作者"的要求,让大家在"线"和"面"上明确自己的职责,形成实验一小的"三线一面"德育课程体系图(见图5-2)。

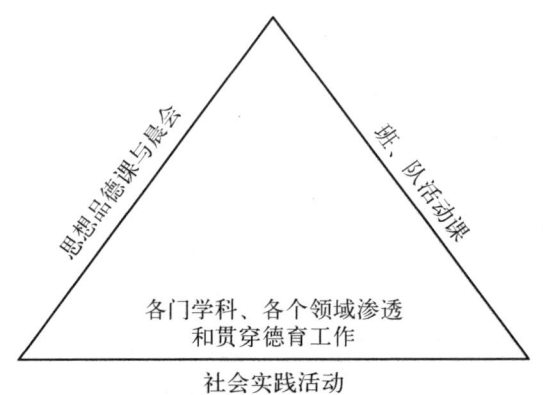

图5-2 "三线一面"德育课程体系图

在明确各自职责后,实验一小又达成一个共识:德育工作以思想品德教育和养成教育相结合为原则,以各科教学内容为抓手,以学生喜闻乐见的

班队活动和社会实践活动为载体,朝着一个共同的目标——提高学生的思想道德素质共同努力。

2)"线"和"面"形成合力,提高德育教育效益

在实践中,为了避免学科间各司其职,缺少沟通的低效劳动,实验一小借助课题,将三条线和各学科教学中的德育内容、要求整理出来后列表反映,发给每位老师,并告知家长,让大家从横向和纵向上了解德育要求,从而去寻找自己工作的结合点,以达到班主任与各学科老师同步教育的目的,并运用社会资源,创设活动基地,将三条线和一个面形成合力,努力提高德育工作的效益,真正做到以美育德。

在实践中,实验一小落实好三方面工作:

一是举办家长学校。在家长学校里,实验一小积极宣传课改的意义目标和美育的功能,呼吁家长配合学校、老师,做好子女的启蒙教育。实验一小讲解课改方案和渗透美育的途径方法,提醒家长更新思想,以自己的行为和家教,给子女美的感染。实验一小也向家长开发、展示课改和美育成果,促使家长增强信心和热情。实验一小还成立家委会,听取家长意见和建议,研讨学校和家庭教育的方法和艺术。

二是建立实践基地。实验一小积极争取上级领导的关心、支持,选择确定了24个社会教育实践点,每个年级每学年进行教育实践活动14次。在社区支持下,实验一小聘请了24名校外辅导员,利用实践基地,依靠校外辅导员,开展各类社会劳动服务活动,引导学生辨别美丑,接受革命传统教育,培育美的心灵和行动。

三是发挥地区优势。金山濒临大海,有大小金山海岛,有黄浦江支流;金山是粮食基地,盛产大米,土特产丰富;金山有石化总厂依托,有星罗棋布的乡镇工业,有繁华的枫泾商城;还有金山农民画、山歌、黑陶等传统文化。实验一小经常运用这些优越条件和地方特色,组织参观、游览、考察、调查、访问、绘画等活动,进行爱祖国、爱家乡、爱人民的教育,孕育对"山河美、生活美、劳动美、人更美"的审美情趣和审美能力。

3) 培养优良的个性心理素质,实施因材施教

上述工作为做好德育的共性工作提供了平台,但从具体情况看,还有个性问题急需有效解决。如个别学生任性、自控能力差、不合群、怕困难等等,因此实验一小也重视学生优良个性心理素质的培养。

为了便于操作,实验一小根据实际情况,列出了九项作为教育和培养的内容,即:自控与约束能力;坚持完成任务的毅力;克服困难的意志和行为;合群及合群精神;情绪稳定;接受意见能力;积极向上的心理状态;正确评价自己和别人的心理状态;了解实际年龄与心理年龄的差异。实验一小将以上九项内容设计了一人一表,逐年跟踪观察记载,对每位学生,尤其是个别心理有偏差的学生进行针对性的因材施教。

(4) 加强"一专多能"教师培训,确保美育教学实施

教学质量是办学的生命线和力量所在,而教师是实施美育、提升办学质量的关键。因此,实验一小特别重视师资培训,抓住试点契机,根据上海市教育局颁布的《上海市中小学教师进修规定》,加强教师队伍建设,全面提高教师整体素质,确保美育教育精准实施。

1) 加强理论学习,树立美育思想

实验一小十分重视教师的政治思想教育。先后邀请县、局十多位领导来校进行讲演和报告,让教师们获取社会信息,了解社会对教育的需求,看到我国与发达国家间教育的差距,激发敬业精神和责任感。实验一小还组织全体教师学习美育理论,去往美育先进学校进行考察取经,使老师们充分意识到美育与德育、智育、体育是相辅相成的。美育不仅是方法、形式,更是素质教育的重要内容。

2) 注重分层培训,提升教学能力

实验一小针对不同教龄的老师,安排了与之相应的教学能力培训,帮助老师们不断进行自我提升:

一是新教师的入轨培训。分为两个层次,一是学校领导对新进教师布置入轨作业,每星期必须做到"四个一",即每星期进一次阅览室、写一张毛笔字、听一堂课、写一篇教学随笔,每月底需把上述作业交至校长室,由分管领导具体过目,写评语,并给予指导、帮助。二是在教研组里师徒结对,并订好拜师学艺合同。师傅每星期为徒弟上一节示范课,指导一次备课,听徒弟一节课,检查一次徒弟班级的学生作业。徒弟全方位向师傅学习,在结对期满后为全校教师上一堂汇报课,谈学艺收获、体会,教导处进行考核。

二是青年教师的基本功培训。为使青年教师更好地适应教学,提高教学能力,实验一小有目的有计划地对青年教师进行教学基本功培训。包括"三笔一话"(即钢笔字、粉笔字、毛笔字和讲普通话水平及说话能力)训练、

电教用具操作训练和课堂教学能力训练。实验一小经常为青年教师组织教学评优活动,旨在全面训练青年教师的教学基本功。

实验一小提倡青年教师要"一专多能",不但要上好一门必修课,还要指导一门活动课。因此许多青年教师不仅是学校活动课的主力军,也是学校双休日26个兴趣组的主力军。

三是资深教师的学历培训。提高教师学历层次是适应现代化教育教学的大势所趋。实验一小每年安排教师参加学历深造,为他们提供政策允许范围内的经费,替他们安排好课务,并经常询问学习情况,帮助解决工学矛盾。

3) 重视教育科研,保障美育实施

实验一小牢固树立"教育科研是第一生产力"的观念,提倡教师既是教学能手,也是研究能手。课改期间,实验一小组织教师参与课题研究,形成了一支强大的教科研队伍,保障美育实施。李静娥、张汉为、赵明华、冯建中等共同承担的课题《美育塑造社会主义新一代》,取得了良好的实验成果,刊登于《上海市金山县普教教育科研成果论文集》(1995年11月)。不仅如此,经过反复实践、论证,完成了市级课题《小学美育分年级目标的研究》等重要项目,还编辑了《美育塑造社会主义新一代》和《美育探索》两本论文集。在课改实践中,开展的《上海地区三线一面德育体系的研究与实践》课题研究,获得金山首届教科研二等奖。

(三)"淑新"课程改革的实践成效

1. 开启了美育研究历程

借助一期课改的契机,"淑新"课程得到了发展,也为学校的美育实践提供了平台。在市、区级课题的引领下,结合一期课改课程理念,实验一小在各学科中梳理美育教学目标,开展目标美育在课堂教学中的渗透研究,以此孕育了"以美育人,和谐共进"的美育办学思想。而课堂教学的探索与实践,也改变了教师对美育的认识,教师在课堂教学中开始有意识地关注美育的内容与形式。

课改期间,实验一小先后开展了"美在生活中""美在心灵中""心中有他人,心中有集体""知我金山,爱我金山"以及和校内残疾学生"手拉手"等教育活动,培养学生爱祖国、爱家乡、爱集体的情感,接受祖国美、家乡美、生活美的熏陶,在思想上播下美的种子,在心灵中滋养美的萌芽。

2. 发挥了示范引领作用

在课改中,实验一小积极实践与总结。据不完全统计,试点班老师在教学第一线饱经历练,参与上海市级观摩课和比赛课28节、县级课97节,发表教学经验、论文40篇,其中29篇刊登在市级刊物上。编写教案47篇。11位老师参加市、县级教学比赛,均有奖项收获,其中市一等奖3人次,二等奖3人,市优秀奖一人,优胜奖3人,县一、二等奖各一人。这些宝贵的经验,在区域推进课改中被大量学习与模仿。实验一小课改领导小组因此被评为1992、1993年度上海市"劳动模范集体"光荣称号,喜夺市文明单位七连冠,校党支部被评为农口系统优秀支部。

3. 满足了师生发展需求

一期课改的课程设置,不仅解决了低幼衔接的问题,还关注素质教育,使得学生身体素质有所提高;新增设的生活与劳动课教授了学生基本的生活技能,使得学生的自立能力得到提高;阅读课的安排帮助学生养成了良好的阅读习惯,同时增加了知识储备量。学生的基础知识扎实了,审美能力得到提高,个性特点得到发展,艺术才能得到发挥,人格因素得到完善,尤其是在发展学生智力,培养动手、动脑能力方面收到显著成效。特别是在每周语数课时减少的情况下,加上平时艺术节、游戏节、兴趣活动、排练节目时脱掉一些课时的不利情况下,语数成绩非但没有下降,而且还呈上升趋势。如1986年与1994年四年级学生期中考试语数成绩对照表所示(表5-1):

表5-1 1986年与1994年四年级学生期中考试语数成绩对照表

		平均分	优秀率	及格率
1989学年	语	72分	25%	96%
	数	87分	85%	96%
1994学年	语	88分	87%	100%
	数	88分	89%	100%

不仅如此,学生各方面得到和谐发展,在各级各类比赛中频频获奖。实验一小集体获全国奖一次,市级奖9次,县级奖26次。学生个人获国际奖2人,获全国奖34人次,获市级奖109人次,获县级奖84人次。学生美术作

品有130多幅去日本、芬兰、挪威、西班牙以及澳大利亚展出。

一期课改也锻炼了一批教师。有一名教师被评为全国优秀教师,五人被评为市园丁或市优秀教育工作者,一人被选为县知识分子拔尖人才。

二、"淑新"课程改革的世纪跨越与回眸

时光沉淀之下,流走的是浮华,留下的是品质。1905年,淑新女塾创立。1913年,在建校周年纪念会上定"勤朴"为校训。当时提出"淑新""勤朴",带着明显的时代烙印。2000年,在一期课改转向二期课改的重要时段,在新旧世纪交替之际,回望实验一小近百年的办学历程,发现由"知礼""良善""革新""勤朴"等组成的"淑新"精神内核一直静悄悄地影响着学校办学,发展着学校文化,为"淑新"课程改革的世纪跨越奠定着基础。不难看到,近百年的"淑新"课程发展呈现出三方面走向:

(一)从"女学"走向"五育并举"

纵观"淑新"课程发展史,课程虽带有时代烙印,但没有脱离对教育本质的追求。从关注"女学"开始,逐渐关注儿童,关注国语、公民教育、卫生习惯,关注德智体"三育",关注智德体美"四育",关注德智体美劳"五育并举"。这一路走来,"淑新"课程紧跟时代步伐,不断革新,显示出了明确的学校课程特征。

1. 课程以儿童为中心

"淑新"课程从发轫之初就开始关注到儿童,接近儿童的生活,即便是在混沌期依然坚持课程尊重"儿童本位之教育",课程内容的安排上也贴近儿童的生活。新中国成立后,第一套全国中小学通用教材发行,教师会根据不同班级学生的实际情况来进行教学目标的修订和教学内容的修改,教学更贴近学生。即便在教材缺乏的年代,教师也会通过讲故事、讲科学知识、讲为人之道等,在拓宽学生知识面的同时不忘育人。在经过历史浩劫后拨乱反正,"淑新"课程更是关注儿童的身心健康,开辟第二课堂,加强思想政治教育和爱国主义教育,注重儿童强健体魄、良好习惯和道德品行的培养,直至一期课改期间"注重学生素质、培养个性特长"的素质教育探索。这一路

上,无论是教材的编写还是授课方式、授课时间,在课程探索过程中,都始终关注教育的主体——儿童。课程内容接近儿童的生活,课程活动注重儿童化,并关注学生应对未来的学习能力,教育改革直指育人本质:儿童为中心。

2. 课程以发展为目标

百年"淑新"课程历经数次革新。回望一次次改革,课程的发展脉络逐渐清晰,课程的发展宗旨也紧紧围绕学生发展这一目标。从实验一小创建之初的实用主义课程,到对儿童心理以及生活发展的关注,到增加劳动教育、美育;从发轫期只片面注重女子德操及必备技能,到三民主义时期课程尊重"儿童本位之教育",对儿童的教育逐步关注到养成崇德观念、健康体格、良好品性、审美兴趣、生活知能、劳动习惯、科学思想等。从新中国成立后只关注"四育"到1953年加入劳动教育,增设劳动课程,将劳动教育贯彻于课内课外,使课程体系更完备。从"教育大跃进"时期注重劳动教育,强调教育与劳动生产相结合,到恢复期围绕"加强基础,培养能力,发展智力"这一中心进行课程改革,到一期课改两个板块课程安排,以及三线一面德育课程体系,"淑新"课程目标明确,变革一直关注着人的发展。

(二) 从西学东渐走向校本化实践

在"淑新"课程建设中,实验一小的探索实践也从西学东渐走向本土化实践,从教学话语走向课程话语,从课程实践走向美育探索。而教育教学的转型,课程理念的确立,美育思想的孕育,展现了先辈们积极"革新""勤朴"的探索精神。

1. 学用结合,兼容并蓄

实验一小创建之初,正值清末民初,国人在饱受西方列强欺凌的同时,转而把励精图治的目光投向了对西方文化的学习。学习内容从重视"读经讲经"开始,经历了单一以国学为主到分科教育,再到完整课程建构的历程。课程内容逐步以培养国民健全的身心、善良的德行、必需的知能、审美的情感、劳动的身手为范围,即为"五育并举"。民国时期,实验一小在课程设置中逐渐细化,除了基础学科,还增设拓展科、社会科以及工作科,学科的设置和拓展开始服务于实用。新中国成立,学科设置更趋于多样化,包括国语、算术、珠算、常识、历史、地理、自然、政治常识、体育、音乐、美术、劳作等学科。学科之间也并非割裂存在，往往多学科相融合。"文革"结束后的拨乱反正阶段，实验一小积极开辟第二课堂，成立美术、书法等多个兴趣小组，鼓励学生参加各种课外小组与社会活动，将学习与实践相结合，直至一期课改期间的两个板块课程。可见，课程建设关注学用结合，兼容并蓄。

2. 深入课堂，探索改进

回顾前人走过的历程，对于教学方式的改革贯穿始终。五段教学法的传播和广泛使用，很好地解决了个别教学向集体教学转变后，如何向学生传授知识的问题；自学辅导法的使用，标志着教学探索已经不再仅仅局限于知识的本位，而是开始关注儿童。设计教学法将教学与实际生活问题相结合，打破科目的界限，分成若干学习单元，按照确定目的、计划、实行、批评四个步骤去学习。实验一小改中心制后，积极改进教学方法，在初级试行设计教学法，而中级以上就采用自学辅导法。新中国成立后，从凯洛夫教学法到红领巾教学法的转变，表明实验一小教学方式从满堂灌发展到关注学生的自主性和积极性，学生思维能力得到提升。在此基础上，从兼容苏派、海派教育思想开展的教学实践，到实验一小自创的"三年级教学衔接法""一课一得"，都显现出了"淑新"文化的显著特点——关注生命，自觉实践，不断创新。

3. 美育开端，课程建构

尽管实验一小从20世纪80年代才大举美育旗帜，开始探索阶段，但回望建校初的课程可见，美育思想早已渗透于各个学科。蔡元培任教育总长时便提出美感教育即美育，改革期又将图画科改名为"形象艺术"科，从欣赏、制作、研究三方面制定了学习的标准，强调学校要有美术品，能让儿童时常欣赏，启发儿童发现美、陶冶美和创造美。1949—1957年，是新中国美育思想的确立及美育的发展时期。尽管到1958年后，美育进入衰弱时期，但由于学科之间相互融合，依然可以在基础课程中寻找到美育的身影。新时期，实验一小恢复对美育的重视，开辟第二课堂，成立许多艺术类兴趣小组，提升审美情趣和艺术素养。由此可见，美育一直与"淑新"课程相伴而行。前期的过程，是美育思想孕育、积蓄的过程。而80年代，当"淑新"与美育正式相会相融，美育作为一种独特的教育形式、一种审美手段，为"淑新"课程的架构提供了厚实的理论基础。美育的开端，"关注生命，以美育人，实施素质教育"课程改革主题的建立，必然会影响"淑新"课程的一路发展。

(三) 从单一评价走向多元评价

循着百年的课程发展史，可以看到与课程发展一路相伴的就是课程评价的研究与探索。在建校初期，实验一小已经建立了从新生入学到毕业的一套评价办法，但方式还是比较单一。在此基础上，教师积极探索测验、演说竞赛、师生共同参与等评价方式，探索"金山好学生"标准的落地，探索素质教育实践模式，改革教学评价和成绩核定的办法，关注非智力因素等等。评价的演变过程，也反映了学校人才培养目标的转变，以及社会的进步与发展。

1. 评价内容的改进：从偏重德育走向五育

建校初期，实验一小对学生的评价从入学到在校学习直至毕业的评价内容，主要是围绕儿童的能力、学业考试成绩来开展，把对修身、读经讲经、国文等学科进行测验考试的成绩，作为评价儿童的主要依据。20世纪20年代以后对学生的评价除了日常书面的评价，还有关于学生行为习惯的关注。解放后，实验一小注重知识考查，考查次数多，择优录取。前期使用百分制，1955年后使用"五级制"。至新时期拨乱反正，恢复教学秩序，重新沿袭了这一评价制度。一期课改期间，实验一小积极改革评价，评价内容非常全面，包括学生的日常行为规范、运动会、各学科竞赛、技艺竞赛，以及课堂教学中的思维能力、口头表达能力、动手操作能力等。从评价内容的发展，可见学校育人目标与课程理念的不断发展。

2. 评价方式的探索：从注重结果走向注重过程

伴随着评价内容改变的便是评价方式的一路探索。实验一小建校之始的评价方式主要是："每学科试验成绩参合平时成绩，判定分数为本学年每学科成绩分数。"评价看重的是分数这一结果。20世纪20年代开始，在探索教育测验研究的背景下，"淑新"课程实施的评价也随着发展变化，评价方法主要通过测验、演说竞赛、师生共同参与的方式进行评价。解放后，实验一小实行课堂提问、课内作业、书面测验等评价。新时期以来，加强了对学生政治思想的培养，注重学习习惯、生活习惯、劳动习惯的评价。一期课改期间，实验一小除了采用数量分析评估这种传统的成绩结果来评价学生外，更注重学生学习过程和发展情况，通过观察分析评估记录学生一系列的课堂表现及日常行为规范、竞赛等情况，综合分析、对比，并提出相关建议。

三、"淑新"与美育的百年对话

跨越近一个世纪的"淑新"课程,她所蕴含的文化意义到底给学校留下了怎样的思考?"淑新"与美育的百年相伴,是偶合还是自然的融合?对于这些问题的探究,除了需要对"淑新"课程改革过程作以世纪回眸外,更需要在交汇点上进行一次百年对话,进一步思考"淑新"与美育之间的关系,思考学校教育还需要坚守什么,发展什么?

(一)"淑新""勤朴"引领的课程改革为美育研究奠定了基础

由世纪回眸可见,尽管"淑新""勤朴"在当时的时代背景下孕育产生,但随着教育的发展,早就摆脱了世俗认识。"淑新"中的"淑性知礼,化为良善",更化为了教育对美对善的追求,因此才会有这么多的教育前辈前赴后继,坚守教育本真,以儿童为中心,以育人为使命,开展艰苦卓绝的探索,让学校不断发展壮大,生生不息。

"淑新"中蕴含的变革之文化本意,让创始人在女子入学尚未纳入教育体制的背景下创立女学;让"淑新"课程从课程内容、课程组织形式、课程评价等方面不断进行改革与创新。可见,"淑新"——一个带着时代烙印的校名,在时代发展的洪流中早已洗尽铅华,而其寻找人性的善良与本真在教育变革中却熠熠生辉。

勤朴:勤能、俭朴。清末实业家、教育家张謇推崇女性应养成的勤朴之风,成为那个年代人们的行为准则。其实勤朴两字也与中华传统文化中"修身克己"的思想有着相近之意,并且还蕴含着一种朴素而唯美的教育思想,那就是要求师生能"勤奋求知,探索真知""朴实为人,止于至善"。它的核心要义便是"发展学生真善美的完整人格"。可见,实验一小在建校初期已经在关注学生的生命成长,已经在建构最初的美育教育思想,并用勤朴这两个最朴素的字来诠释对教育本真的理解。

细细品味,由"淑新""勤朴"引领的课程探索,应该是为美育研究奠定了基础。它们在近百年的时光隧道中,似一道光划破层层迷雾,展现着其特有的精神魅力。由"淑新""勤朴"出发的美育研究,应该是顺应教育规律,顺应学校发展的必然。

(二) 美育研究传承并发展了"淑新""勤朴"的文化本意

1902年,蔡元培等人联名发起,在上海创办爱国女学。在其任第一任教育总长时,率先进行教育改革,提出了五育并举、和谐发展的教育方针,并提出了美感教育。他说:"美育之目的在于陶冶活泼敏锐之性灵,养成高尚纯洁之人格。"王国维也曾说过:"美育者一面使人之感情发达,以达完美之域;一面又为德育与智育之手段,此又教育者所不可不留意也。"

从"淑新"课程发展史可见,美育作为学校课程的一个重要组成部分,一直与"淑新"课程相伴而行,传承并发展了"淑新""勤朴"的文化本意。主要体现在三个方面:

一是对美对善追求的一致性。美学视野中的学校教育研究所关注的应是教育的美学品格。其根本目的就是通过对教育过程及教育者行为中美的法则的探讨,揭示教和学的活动与审美活动之间的内在联系,从而使教育不仅在一般意义上能够促进人的发展,而且还具有更好地引导受教育者全面发展的审美化的特性。[①] 20世纪80年代,"关注生命,以美育人,实施素质教育"这一"淑新"课程改革主题的确立,实验一小从最初的艺术美育阶段"面向少数特长学生的课外活动组织,培养学生的艺术素养",逐渐走向一期课改时的目标美育阶段"面向全体学生的美育课堂研究,关注学生的综合素养"的历程,正是引导学生向善向美前行的过程,也正反映了实验一小对"淑新""勤朴"文化本意的积极传承。

二是变革创新理念的坚持性。回顾美育历程,不难看到教师们的坚持与坚守。他们"化为良善"的精神追求,勤朴创业、自觉实践的变革壮举,"求严、求实、求活、求新"的教风,让学校的教育研究从课堂教学研究深入到课程建设研究,从关注教育的社会作用走向教育的生命意义。这种变革创新理念的坚持性,也激发了学校的创新活力,使学校走稳发展的每一步。

三是对"淑新""勤朴"文化本意的发展性。实验一小在美育实践中彰显出了鲜明的"淑新"文化内涵:关注生命,以美育人,自觉实践,不断创新。这是对"淑新""勤朴"文化本意的传承,更是一种发展。

---

① 钟以俊.美学视野中的学校教育[M].广东:广东教育出版社,2006.

上述可见,"淑新"与美育的百年相伴,是自然的融合,是时代的顺应,更是文化的追随与一脉相承;"淑新"与美育的百年对话,是传统与现代的对话,更是对教育意义、生命意义的共同探寻。叶澜教授说过:教育是直面人的生命、通过人的生命、为了人的生命质量的提高而进行的社会活动,是以人为本的社会中最体现生命关怀的一种事业。即便各方面发生剧烈变革,学校的办学理想与育人目标应该要坚守。因此,"淑新"与美育的百年对话,是一次百年坚守的对话,是一次践行生命承诺的对话,也是一次面向未来的对话。"淑新"文化在美育的滋养下,必然会更加绚烂。

四、"淑新"文化的学校融合与生长(2000—2020)

跨越新世纪,"淑新"文化遇见二期课改。如何探索一条具有实验小学特色的课程改革和教学实验示范特色之路,延续并发展"淑新"文化?实验一小坚守"以美育人,和谐共进"美育办学思想,继续以"关注生命,以美育人,实施素质教育"为主题,选择了"学习—适应—变革—创新"的实践路径,让"淑新"文化得以生长,并滋养一代代莘莘学子。

(一)"淑新"文化在校园弥散与生长

1. 二期课改的强势推出

2000年,作为上海市二期课改基地学校,实验一小开启了新一轮的课程改革。本次课改核心为改变以往学生适应课程的被动局面,建立起让课程适应并促进每一位学生发展的现代化课程体系。

二期课改建立以基础型课程、拓展型课程和研究(探究)型课程为主干的课程结构,并确立了总学力观,即"基础性学力""发展性学力"和"创造性学力",强调为学生提供五种学习经历,形成八大学习领域及相关学科。它在课程理念上实现了突破性变革,即树立起课程是为学生提供学习经历并获得学习经验的观念;以学生发展为本,构建体现时代特征和上海特点的课程体系;以德育为核心,强化科学精神和人文精神的培养;以学习方式的改变为突破口,重点培养学生的创新精神和实践能力;加强课程的整合,促进课程各要素间的有机联系。

与一期课改相比,二期课改更注重学生学力的培养,这必将带来课程理念、课程结构、课程内容、评价体系、学习方式等一系列重大变革。但课改先期的研究,实验一小还是有三分担忧:(1)理论孵化相对滞后,如何突破传统思维;(2)素质教育如何应对应试教育的挑战;(3)新教材试点如何应对滞后的评价标准的磨难。

2. 理论学习与理论孵化

面对课改的隐忧,为践行二期课改理念,实验一小加强二期课改先进理念学习,将学校百年来积淀形成的文化特点融入实践中,充分激发教师和衷共济、唯实唯先的精神。

二期课改的实质即素质教育的上海化。为此,实验一小确定了以推进素质教育为核心,积极发挥学校办学特色,不断深化先进教学理念的二期课改实施纲领,促进学校教师角色转变,从崇尚书本知识传授,到崇尚学生能力培养,从重视教师的教到关注学生的学,从重视学生学习结果到强化学生学习过程,从讲究传授的教学到引导和关注学生亲身体验,努力营造宽松、宽容的学习氛围,培育师生教学情感的亲和力。

3. "淑新"课程的适应性探索

全新的课程与理念,对于学校与教师都是极大的挑战。除了加强学习外,更需要将课程理念落实于课程改革中。实验一小提出了"让每一个孩子都喜欢学习,让每一个孩子都快乐成长"的办学理念,基于课改实施纲领,确立了《小学生发展性学力培养的研究》项目,引导教师借鉴维果茨基"最近发展区理论"、美国语言学家克拉申"语言习得"理论等,立足课堂,关注学生自主、探究、合作能力的培养,开展适应性教学探索,以真正理解课改理念。

(1) 根据习得理论开展研究,丰富课堂学习形式

为了能真正看到学校现行课堂与新课改理念之间的落差,实验一小开展了课堂情况大调研,发现课堂上集中反映出四方面问题:课堂教学以教师为主;学生思维方式的培养基本上是同向思维;在学生学习方式上,基本上是接受式学习,很少有体验式学习,更少有研究式学习;有些课堂看似活跃,但学生思维肤浅,也忽视了对学生基本功的学习和训练。

基于问题,实验一小根据习得理论,注重教学与信息技术的整合,借助

多媒体课件形象化、立体化、多样化和结构化的特点,在各学科中开展做中学、玩中学、网络中学习、实践中学、活动中学等研究,既让多媒体赋能传统课堂,也不断丰富课堂学习形式,让课堂呈现美的气息。

(2)依据"最近发展区理论"开展研究,改变学生学习方式

转变学习方式从根本上说就是要从传统学习方式转向现代学习方式。但是现代学习方式不是特指某一具体的方式的总和,从本质上讲,现代学习方式是以弘扬人的主动性为宗旨、以促进人的可持续发展为目的。二期课改把培养学生的问题意识作为提高学生主动学习能力的一个重要方面。因此,在实践中,实验一小修订课堂评价观察量表,加入对学生学习方式与问题意识的观察,引导教师把学生学习过程中发现、探究、研究等认识活动凸显出来,挖掘学生那些正处于形成状态或正在发展过程中的能力,以建立和形成能充分调动、发挥学生主体性的探究式学习方式。

(3)基于课改核心问题开展研究,发展学生学习能力

二期课改初期最大的矛盾集中在识字教学上。在二期课改行动纲领中特别指出:小学低年级学生要先认字后写字,识字量要增加,写字量要减少。从教材的安排来看,也按照这样的要求编排。对于这样的安排,习惯于先教拼音,再让学生借助拼音这一拐棍进行识字教学的教师来说,一时茫然不知所措。家长拿到书后也是一片哗然。

为弄清为什么要这样安排,实验一小组织教师研究识字教学的规律,理解教材编写的意图。研究发现,先引导学生生活中识字,再借助字学拼音,是符合学生认知规律的。于是,教材试点组开始联合攻关。为减轻学生的学习负担,试点组老师根据儿童喜爱游戏的心理特点,采用多种形式的快乐教学法,来营造乐学的氛围,如"猜字""送信""放鞭炮""捉迷藏""找朋友""叫号""说悄悄话""一字开花"等,使学生在寓教于乐的宽松学习气氛中,完成对生字的无意识记忆和有意识记忆。同时,借助多媒体手段,让学生真正对字音和字形建立联系,起到强化记忆的目的。在探索中,逐渐创建了识字教学基本流程:揭示课题,整体感知—合作学习,识记生字—借助游戏,巩固生字—拓展延伸,巩固识字效果。由于实践效果良好,解除了家长的疑虑,也为学校深入推进二期课改积累了经验。

(4)开发拓展型探究型课程内容,丰富学生学习经历

二期课改的典型特点就是在基础型课程之外,增设了探究型课程和拓

展型课程,主要目的是为了增加学生更丰富的学习机会和经历,让学生的发展更为全面和综合。

实验一小紧紧围绕"自主发展,张扬个性"的课程理念,立足于学生的需求、学校的需求、教师的特长,探索了多种课程开发的途径和方法。基于拓展型课程编制广域性、多样性、层次性和选择性等要求,实验一小探索开设限定性拓展课、学科拓展课、自主拓展课、社会实践拓展课等几大类内容,对一期课改期间的活动课进行分类管理,特别加强自主拓展课程的开发与研究,形成了"自主拓展课""四点社团"等多种活动形式,有效丰富了学生的学习生活。

对于探究型课程,实验一小则借助区级课题《小学主题式探究型课程的研发》组织推进。课程以"奇妙世界我来发现"为主题,组织一批骨干教师参与研究,包括课堂组织形式、活动形式等,先后开发了《校门口的空气质量的调查》《影子的秘密》《巧妙的加法——尝试发明》《护蛋行动》等学生感兴趣的探究主题,还形成了基本教学流程:问题产生阶段—问题的筛选、归类阶段—问题探究的计划(方案)——课堂汇报探究活动的阶段—探究成果的表现形式与评价,这些都成为实验一小探究型课程建设的雏形。

(5)关注学习评价,激励学生自主发展

在评价研究中,实验一小充分利用《小学生成长记录册》,让学生、同伴、家长、老师,多主体、多角度地对学生进行全面的评价;在评价的标准与内容上,落实多元化发展目标。除了学业成绩外,实验一小还重视学生其他特质与潜能的发展,重视学生情感、态度、价值观的发展评价,开展"品行小标兵""才艺小能手""学习小能手""阅读小标兵""网络小先锋""诚信小能手"等评选,使教师、学生、家长都改变以往的评价方式。

4."淑新"文化的深入性建设

课改的适应性探索,让教师们对教材的特点、课程的理念有了一定认识。但实验一小清晰地认识到,这些实践与课改目标之间还有距离,比如课程体系的建立、课程内容的完善等。为此,实验一小将"淑新"文化与课程建设相结合,进一步确立"四可"(可亲、可敬、可信、可学)为美育教师培育目标,"六美"(理想美、心灵美、行为美、才艺美、创造美、健康美)为美育学生培养目标,开展了以《构建审美型现代化新郊区学校文化的实践研究》为课题的过程美育研究,营造"淑新"文化氛围,为学校树立起完整的文化形象,并不断深化学校的"淑新"课程改革。

(1) 构建"协同管理"机制，营造"和美润心"文化氛围

基于课程改革的需要，实验一小积极革新管理制度，力推合作、互助的工作方式，通过"三共"营造文化氛围，努力构建"协同管理"机制，为深入开展课改提供保障。"三共"，即在制度建立时，强调用"共议"来形成共识；在制度实施中，强调用"共事"来共同维护；对于制度实施的成效，强调用"共荣"来共同享受，以营造"和美润心"文化氛围，让教职工能找到工作的幸福感与归属感。

(2) 构建"校本实施"机制，创设"悦纳童心"课程氛围

在"和美润心"文化氛围营造中，实验一小以课程建设为载体，组织教师开展"三共"活动，建立"校本实施"机制，构建了"童心快乐成长"课程框架（课程框架1.0版本，见图5-3），将学校课程进行了全面梳理，加强校园环境与班级文化环境的创设、"两纲"教育与德育体验课程的建设、新郊区课程资源的挖掘，以及拓展型课程和探究型课程的设计与开发，形成了以"氛围创设—活动设计—评价激励"为主要形式的课程建设机制。

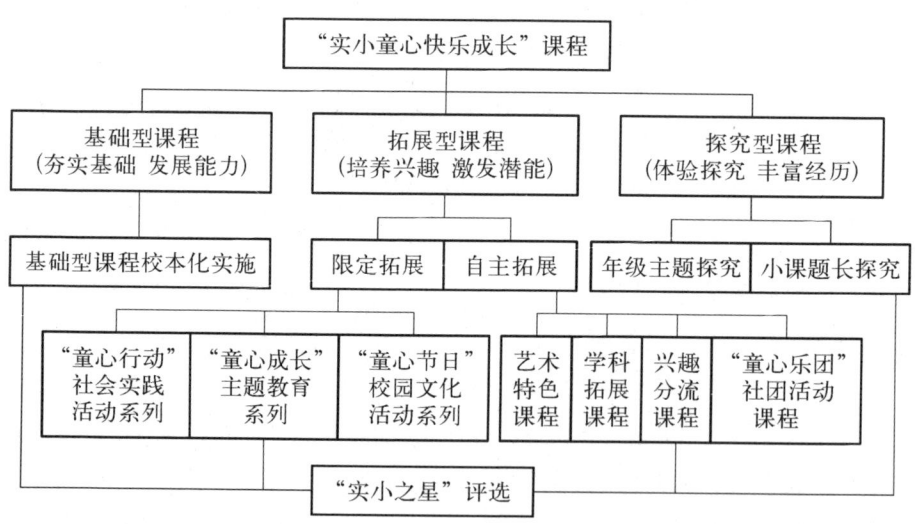

图5-3 "童心快乐成长"课程框架

基于课程框架，实验一小重点组织教师开展基础型课程校本化实施的策略、方法及途径研究，通过"咬尾巴""前移后续""1+N磨课""同课异构"等校本教研活动，帮助教师认识"三维目标"，引导教师主动观察课堂，智慧

地开展审美化的课堂教学研究,打造以课堂实践问题为导向的审美型、生态型、探究型课堂,逐渐形成了教材处理的校本策略:单元整体解读、目标分步实施、梯度分层把握、教学过程简化、自主学习强化。

在课程建设上,实验一小积极开发有利于学生个性发展的校本课程,编撰了《陶艺》《动漫画》《儿童版画》《环保工艺》《书法》等校本课程。实验一小还建立了美术、陶艺、书法、戏曲、腰鼓、机器人等多个"四点社团",为学生发展搭建平台。

(3)构建校园活动机制,塑造"六美"学生形象

"淑新"课程建设的目标之一,就是要通过丰富多样的具有审美性和创造性的实践活动和社团活动,充分发掘学生潜能、发展学生思维、培养学生的综合素质。基于对学生"六美"形象塑造的期望,实验一小在一期课改的基础上,注重全方位开掘校园文化活动的途径,丰富学生的审美经历,引导学生向上向善。实验一小把升旗仪式、午会、班会、专题教育、传统节日、"美育行规勋章"评选作为校园文化生活的常规活动;把学习《我爱学校》《消防教育》等校本课程作为校园文化生活的有机组成部分;把科技节、艺术节、体育节、读书节等特色节日,以及"动感八点""四点社团活动"作为校园文化生活的有效载体;把春秋游、年级社会实践活动、家长会、家长学校作为校园文化生活的延伸部分。

同时,实验一小以学生"六美"形象为基点,设置了"实小之星"评价方案,从"服务、学习、个性发展"三个维度入手,设置"服务之星、学习之星、科技之星、艺术之星和体育之星"等星级评选奖项,对学生德、智、体、美等诸方面的素质发展状况和发展水平进行评价,实现以评价来促进人、激励人、发展人的目的。

(4)构建"育美培训"机制,修炼"四可"教师形象

为塑造符合现代社会发展需要的教师形象,在"淑新"文化建设中,实验一小将"可亲可敬可信可学"作为教师的形象特征,以此设计了"育美教师"课程,开展了"美己之美""美人之美""美教之美"系列活动,使教师既关注自身的发展,也能注意智慧共享,呈现"和衷共济,唯实唯先"的精神状态,充分展示"淑新"文化对教师的修炼要求:可亲、可敬、可信、可学,具有高尚的品德美、优雅的气质美、广博的才华美、真善的行为美,体现内在道德美、智慧美与外在仪表美的和谐统一。

（二）"淑新"文化的课程融合与发展

"淑新"课程经历十年的适应性探索，以及文化改造，既进一步完善了课程内容与组织形式，修炼了师生形象，也发展了"淑新"文化的内涵——和衷共济，唯实唯先。

2010年，面向新十年，在深入推进课程改革中，实验一小更关注课程的审美取向和教育的审美境界，并确立了办学愿景：办一所有思想、有灵魂、有情趣、有智慧，让童心童真童趣得到真正释放的美育特色学校，开始"淑新"文化的课程融合与发展探索。

1. 美育思想校本化的行动指向：课程美育与美育课程相融合

《国家中长期教育改革和发展规划纲要（2010—2020年）》中指出：坚持以人为本、推进素质教育是教育改革发展的战略主题，是贯彻党的教育方针的时代要求，核心是解决好培养什么人、怎样培养人的重大问题，重点是面向全体学生、促进学生全面发展，着力提高学生服务国家人民的社会责任感、勇于探索的创新精神和善于解决问题的实践能力。

在新十年中，实验一小该如何回答培养什么人、怎样培养人的重大问题呢？实验一小重新审视了美育办学历程，梳理了《金山区第一实验小学文化理念》，形成了学校的办学策略、管理理念、课程理念，突出了课程在学校发展中的重要意义，并以领衔性课题《美育思想校本化的行动研究》为引领，开展课程美育与美育课程相融合研究。

（1）厘清课程美育与美育课程的内在联系

课程美育与美育课程两者都关注立德树人，核心内涵都是育人。课程美育突出在各门课程活动中的审美教育，是一种"课程观"，而美育课程是指在课程美育中具体需要实施的课程。实施课程美育，可以促进各门课程增强育人意识，在知识传授过程中强化审美意识引领，同时，也有利于加强美育课程建设，更好地发挥美育课程的教育价值。两者联合发力，才能呈现"淑新"文化的育人价值：关注生命，呵护每个生命的自由与灵性，激发每个生命的真善美情感，让其在灵动而有情趣的课程学习中完善人格，发展素养。

（2）开展课程美育与美育课程相融合研究

美育思想校本化的行动指向，即将课程美育与美育课程有机融合，以达成"淑新"文化的育人价值。在操作中,实验一小把美育课程作为课程美育的运作载体,重新定位课程目标,重构课程结构,并开展课程融合实践,以及课程评价研究,努力探索"以美育人"的有效途径与方法,营造以美育人的课程与文化氛围,让美育研究指向学生发展核心素养,给学生的心灵及其外在表现以本质的定性,从而实现教育的根本使命:让人成为完整的、和谐的人。

2. "淑新"文化影响下的课程定位:从知识本位走向素养本位

2014年,教育部在《关于全面深化课程改革落实立德树人根本任务的意见》中第一次提出"核心素养体系"这个概念。2016年,《中国学生发展核心素养》正式面世。在教育改革从知识技能转向核心素养,从研究教法转向科学学习,从课程科目转向学习经历的大背景下,学校该如何形成"培养怎样的人"这一学校表达方式?

在美育思想校本化的实践研究中,受"淑新"文化育人价值的影响,实验一小在确立课程目标时,以发展学生核心素养为目标,从培养德智体美劳全面发展"完整的人、和谐的人"的角度,融合"淑新""勤朴"内涵,确立了学校育人目标,即培育勤朴之品质,创趣之能力,形成美的品行、美的才智、美的情趣。

3. "淑新"文化影响下的课程重构:从散状分布走向五育融合

"淑新"文化赋予课程的价值就是要发展儿童,让课程能走进儿童自在、真实的心灵世界,让儿童沐浴在美的教育阳光下,心灵走向自律,生命意蕴得到拓展。基于学校课程目标,学校该如何做好"怎么培养人"这一文章呢?实验一小分析了课程实践中形成的"童心乐园"课程框架(课程框架2.0版本,见图5-4),发现课程还处于散状分布。为此,实验一小进一步确立了课程理念,即让课程走进童心,让实小童心成为快乐的学习者和成功的实践者,并冠名为"灵趣课程"。希望课程能走进学生心灵,让学生能学出灵性与情趣,学出智慧与价值,成为智慧之人、审美之人、德性之人。

中国社会科学院哲学研究所周国平从培育学生全面发展的角度出发,提出学校应该有四种教育,即道德教育、智力教育、生命教育、审美教育。道德教育重在人的道德品质教育,狭义理解为德育,智力教育重在人的智能发展培育,狭义理解为智育,生命教育重在人的生命健康教育,狭义理解为体育,审美教育重在人的审美情趣教育,狭义理解为美育。

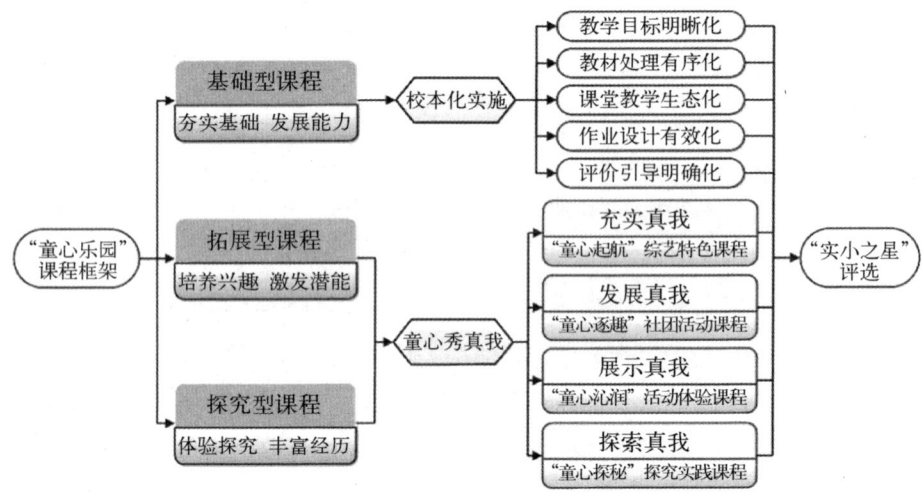

图 5-4 "童心乐园"课程框架

为建构体现"淑新"文化育人价值,促进学生德智体美劳全面发展的课程体系,实验一小借用了周国平先生的研究理论,将德智体美劳融合育人作为灵趣课程建设的策略,构建了"童心乐园"灵趣课程框架(课程框架 3.0 版本,见图 5-5),并建立了四类校本课程,即道德之美课程(以勤养德,品德培育类课程,以德育教育为主)、生命之美课程(以朴修身,生命体验类课程,以体育、劳动教育为主)、创智之美课程(以创启智,创新实践类课程,以智育教育为主)、情趣之美课程(以趣怡情,个性发展类课程,以审美教育为主),与基础型课程相融合,共同发展学生的美素养。

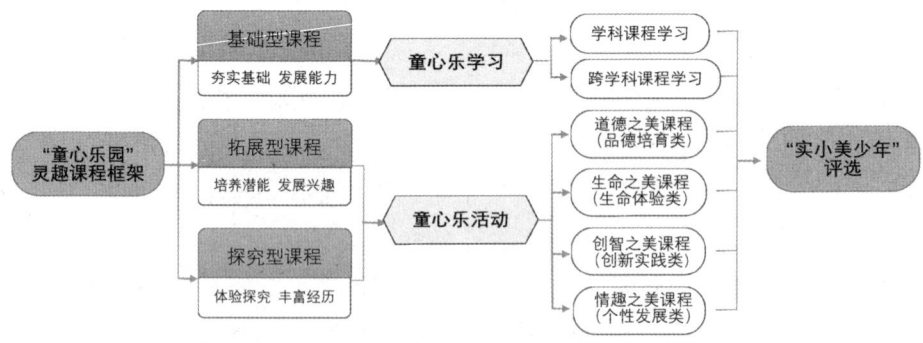

图 5-5 "童心乐园"灵趣课程框架

4."淑新"文化影响下的融合实践:从单学科研究走向多学科多课程融合

要让课程美育与美育课程相融合,培育学生发展核心素养,既需要将课程理念转化为具体的课程行动,更需要有明确的操作方式。在灵趣课程建设中,实验一小借鉴前期"淑新"课程实践的经验,并对近几年基础型课程、拓展型课程、探究型课程三类课程的发展形态进行了全面分析。根据不同的课程类型,运用融合思维方式,开展指向核心素养的课程组织形式再设计研究,让融合之美以课程的形式"随风潜入夜,润物细无声",在不知不觉中涵养学生品行,健全学生人格。

(1) 基础型课程：开展学科素养评估研究,培育学生学科素养

在基础型课程校本化研究中,实验一小借助金山区小学生学科基础素养评估研究项目,从知识技能、兴趣习惯、综合实践三个维度十个方面建立知识、能力、情意三方面立体评价结构,通过"细化目标,使教学目标明晰化;优化教材,使教材处理有序化;活化课堂,使课堂教学生态化;精化作业,使作业设计有效化;深化评价,使评价引导明确化"等五个密切相关的课程管理措施,开展指向核心素养的"学科育人""学科开发""学科整合"研究,营造以美育人的环境氛围,实现素养的多维建构。

① 实施单元整体教学,强调知识的整体建构

从课程设计的范畴来看,可以分为微观、中观、宏观三个层面。微观设计特指单节课的教学设计,宏观设计特指某一学科课程或整本教材的教学设计,中观设计通常是指课程单元或主题模块的设计。从操作层面看,中观层面的教学设计能使教师获得操控教学时空资源的较大自由度和优化教学方法的可能性,往下可以合理协调课时之间的教学逻辑,往上可以较好地兼顾课程整体目标和知识结构。[①] 因此,在开展指向核心素养的学科育人研究中,实验一小基于学生学习的基本规律,以及学科核心素养培育要求,从课程设计的中观层面入手,开展了单元整体教学研究,打破了传统的单课线性教学模式,让教学既见树木更见森林。

例如英语学科遵循"由浅入深、由易到难、循序渐进、逐步扩展、点面结合、不断复现"的原则,将一个单元各板块内容统整后再划分课时进行教学。这种设计理念着眼于单元全局,注重一个单元或几个单元的横向联系和纵向推进,乃至于教材全局。

---

① 李钧.基于课程标准的中观教学设计——以《电和磁》主题单元设计为例[J].中学物理教学参考,2013(11).

在实施过程中，教师们从整体入手解读单元主题及单课话题；依据主题及话题制定单元教学目标，重组板块，细化分课时目标；在单课中通过创设情境、内容统整，有效提升学生语用能力、思维能力等，培养学生积极的学科情感。这样的课堂实施，能让学生对一个单元的学习活动产生整体感，并围绕单课话题有效构建相关语言知识体系，从而让学生学得轻松，学得有法，形成学科核心素养。

② 实施学科实践活动，强调知识的实践运用

学科核心素养是在反思学科本质观的基础上，对学科育人价值的凝练，是学生在课程学习中形成的，能够灵活地整合学科观念、思维方式、探究模式和知识体系，应对和解决各种复杂的、不确定的现实生活情境的综合性品质。[①] 可见，学科核心素养的形成，不仅仅需要对教材内容进行创新实践，也需要设计既贴近学生经验、又能够承载育人价值的整合性真实情境，让学生经历真实学习与探究过程。

在课堂教学研究中，实验一小打破传统的知识传授方式，积极开展指向核心素养的学科开发研究，以学科教学内容衍生出与学生生活相关联的主题、大问题或大任务，进行教学内容的再建构，赋予课堂教学以生活意义和生命价值。通过学生的实践与教师的组织，让学生将学习到的知识进行实际的运用，解决真实生活中的问题，发展学生的学科能力。比如语文学科融合教材内容、学生学习活动、阅读活动以及与其他学科的主题融合活动设计四个主题内容（见表5-2）。通过各主题的实践活动，引导学生将知识转化为实际的运用，以发展学生阅读、思考、表达、观察、合作、沟通等诸多美的能力与素养。

表5-2　多学科主题融合活动设计

	"年级主题活动"系列	"校园探究"系列	"学科融合"系列	"课外阅读"系列
一年级	乘环线看家乡（结合一年级的乘坐一路车活动，认识各个站点名，知道每个站点的大概位置，初步认识家乡。）	认识校园（认识校园、各专用教室、各部门的名牌等，在认识校园中识字、交流，初步认识校园，爱上学校。）	植物的根（认识植物的根，在认读中识字；知道根的作用，能借助句式介绍；观察洋葱的根的变化并作记录，能在小组内交流自己的发现。）	《"快乐读书吧"之和大人一起读系列》（在阅读中识字；能说得出书中的故事名；能选择一个印象最深的故事说一说。）

① 杨向东.指向学科核心素养的考试命题[J].全球教育展望,2018(10).

(续表)

	"年级主题活动"系列	"校园探究"系列	"学科融合"系列	"课外阅读"系列
二年级	购物大课堂（与社会实践超市购物相结合，了解购物须知，了解商品信息，认识购物单，计算经费使用，说一说购物经历等。）	会说话的墙壁（组织学生认读校园墙壁上的内容，在认读的过程中识字积累；给校园墙壁上的内容分分类，说一说自己的收获；做做小小设计师，设计校园的墙壁。在活动中识字积累，感受校园文化。）	校园里的动物（发现校园里的小动物，利用句式说一说自己最喜欢哪一种及原因；通过画一画，完成资料卡了解小动物；走近蝴蝶，知道蝴蝶的变化过程，并能根据示意图说一说；通过资料阅读了解各种各样的蝴蝶。）	《"快乐读书吧"之儿童故事》（《孤独的小螃蟹》《歪脑袋木头桩》《小狗的小房子》《小鲤鱼跳龙门》《一只想飞的猫》）在阅读中识字，学会看封面和目录，了解故事内容，说一说相关故事。
三年级	养护宝贝蛋感恩父母心（结合三年级十岁生日活动，通过美化鸡蛋—取名评选—护蛋行动—记录感受等，让学生在护蛋行动中，感悟父母心。）	校园的秋天（观察秋天，记录秋天景物的变化；积累有关描写秋天的语言；描写秋天；捡树叶，制作叶贴画，描述自己的树叶作品。）	寻找春天的颜色（观察周围的环境，说一说春天来了，哪些事物发生了什么变化；用自己的彩笔画一画美丽的春天，并在小组内交流；摘录描写春天的好词好句；用文字描绘美丽的春天。）	《海底两万里》（在阅读中积累词句；根据文字描述画一画鹦鹉螺号、海底美景；设计人物名片，感悟人物特点；说一说自己学到的科学知识；能描述一个印象深刻的情节。）
四年级	魅力朱泾（了解朱泾的各个景点，设计朱泾游览线路图；选择一个景点进行深入了解，并重点介绍这个景点，说一说游览感受。）	校园节日（结合民俗活动，了解民俗节日元宵节，组织包汤圆活动，写写过程，交流活动感受。）	高空定点落蛋（制作护蛋装置，并记录制作过程，画一画装置；尝试高空落蛋，记录下三次实验的过程和结果；整理记录本次实验的全过程。）	《西游记》（在阅读中积累语言；选择一个印象深刻的故事说一说；选择一个角色设计一张名片并说一说喜欢或不喜欢的理由；设计宝物展览，梳理介绍书中角色使用的宝物或兵器，并画下来。）

(续表)

	"年级主题活动"系列	"校园探究"系列	"学科融合"系列	"课外阅读"系列
五年级	**感恩母校**(毕业季,回顾自己的成长足迹,展示自己五年的收获;写一封信感谢师恩;回忆一个故事珍惜友谊。)	**校园最美音符**(通过观察记录、采访等方式了解校园中的某个人物,如校长、老师、同学、保洁员等,写写有关人物,感受人物的内在美。)	**探索宇宙之飞向月球**(通过对文学作品中描写月亮的内容的学习,说一说心目中的月亮;通过对资料的学习,科学认识月球;想象表达:选择月球生活、月球发展、月球奇遇中的一种畅想月球。)	**《鲁滨孙漂流记》**(了解鲁滨孙选择漂流的原因;绘制漂流路线;梳理鲁滨孙在孤岛生活中遇到的困难及如何克服;说一说鲁滨孙拯救野人的情节;谈一谈书的启示,即《圣经》对鲁滨孙的启示,此书对"我"的启示。组织辩论赛:鲁滨孙在荒岛漂流是幸运的还是不幸的?)

③ 开发学科拓展科目,强调学科素养的融通运用

在开展课程美育研究中,为引导学生将学科能力与学科素养在新的环境与情境中进行综合运用,实验一小积极组织学科拓展科目开发,把它们与基础型课程的学科核心素养培育相对接,让每一门基础型课程都有 N 个与之相链接的拓展科目(见图 5-6),共同作用于学科核心素养。

基础型课程"1"	拓展型课程"N"				
语文	小主持人	电台编辑	书法入门	童心悦读	……
数学	数独	魔方小站	智力七巧板	数学山海经	有趣的火柴棒游戏
英语	绘本读读乐(G2)	绘本读读乐(G3)	绘本读读乐(G4)	绘本读读乐(G5)	Scrabble 英语拼词游戏
美术	儿童版画	小小动漫	陶艺	金山农民画	创意油画
劳技	立体绣	简单编织	趣味折纸	古建筑模型	丝网花 DIY
音乐	葫芦丝	合唱	少儿舞蹈	拉丁舞	沪剧、锡剧
自然	无线电	科学小实验	智能机器人	空中机器人	创客与人工智能
体育	自由搏击	花样跳绳	羽毛球	足球	网球

图 5-6 "1+N"自主拓展课程

(2) 拓展型、探究型课程：开展课程融合研究，培育学生综合素养

① 课程经历从分科走向融合的过程

从二期课改的目标看，无论是探究型还是拓展型课程的建设，目的都是为了激发学生的兴趣。在课改实践中，实验一小一直在尝试着两类课程的校本化实践。二者也跟随课程框架的变化，走过了三个阶段（见图5-7），从分科走向融合。

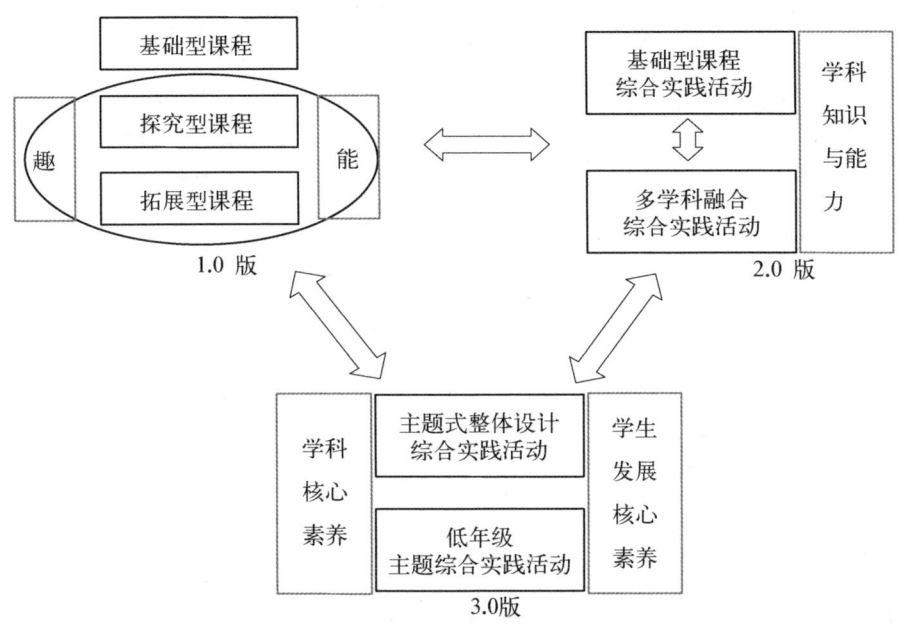

图5-7 课程框架变化三阶段

在二期课改初期，实验一小基于两类课程目标开展建设，课程的开发与实施流程也逐渐完善。2011年，上海市教委发布《上海市小学实施"快乐活动日"指导意见（试行）》，学校规划"快乐活动日"方案，对两类课程的内容与形式进行了全面梳理，并进行规范性建设，形成了"科技创新""艺术创想""巧手工艺""运动健身""阅读欣赏""快乐弈棋""开心动脑"等七大门类70多个科目，100％的学生可以自主选择活动或课程，还构建了"学校自主拓展课程实施管理流程图"（具体见图5-8），形成了1.0版本的实践方式。同时进一步完善了以"奇妙世界我来发现"为主题的探究内容，明确探究的大主题，如一年级为"校园内的植物"，二年级为"校园内的动物"，三年级为"我爱我的家乡"，四、五年级为"感受异域文化"。通过循序渐进的探究活动，培养

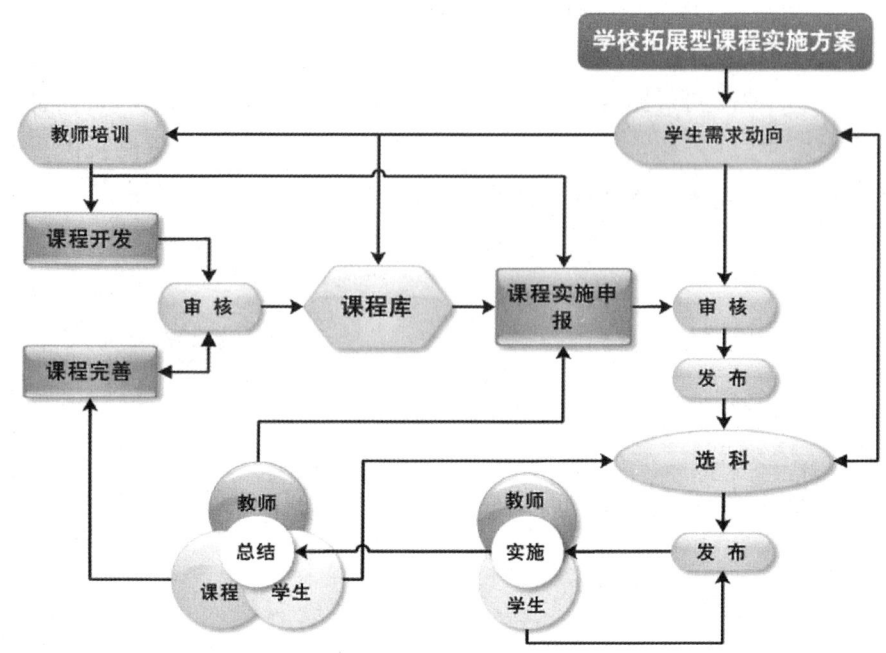

图 5-8　学校自主拓展课程实施管理流程图

学生的探究意识与探究能力。

　　尽管经过多年的建设,两类课程都趋于完善,但它们各自为政,课程目标不融合不聚焦,使这些课程难以影响学生综合素养的发展。为让学校所有课程都能作用于学生的素养发展,2014 年,实验一小在开展《郊区学校多学科主题融合的儿童美感教育实践研究》中,打破探究型课程的实践模式,开展主题整合探究课程建设。针对各年级学生的身心特点、知识储备等要素,精选学生感兴趣的、与生活、学习相关联的主题概念,如一年级的"植物的叶子""植物的根",二年级的"蚂蚁""校园里的动物",三年级的"肥皂泡""光和色彩",四年级的"风车""定点落蛋",五年级的"火星""宇宙探索"等,以多学科综合实践活动设计为方式,以主题整体综合设计为实施手段,打破课程间的界限开展多学科融合的主题整合探究课程研究(见图 5-9),使课程研究进入 2.0 版本。

　　从图 5-9 可以看出,各学科教师以学习者为中心,针对各年级学生的身心特点、知识储备等要素,精选学生感兴趣的与生活、学习相关联的一个主题,进行主题整合设计和过程实施。在这一过程中,设计的指向有知识层

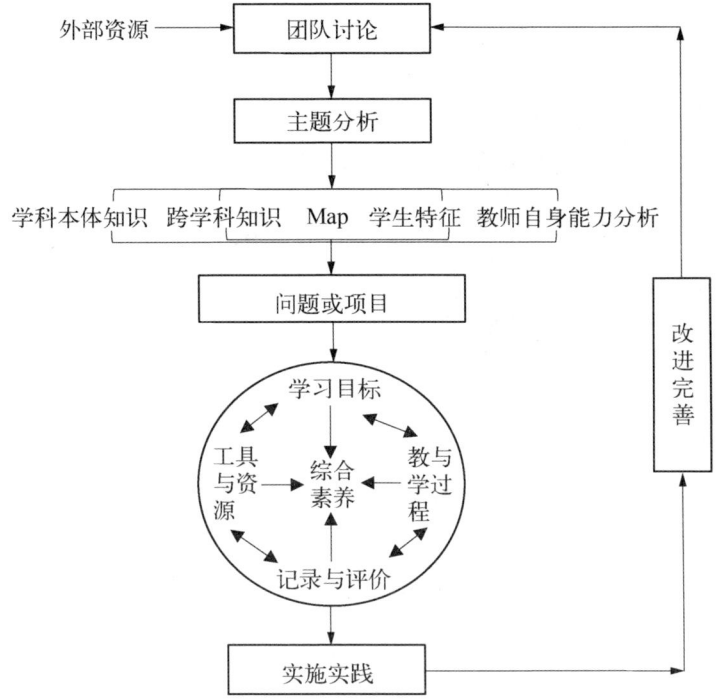

图 5-9 主题整合探究课程研究示意图

面,也指向学生的核心素养发展,如语文学科围绕主题重点发展学生的阅读、表达和写作等能力;美术学科重点发展学生对物体的观察能力,并采用画、制作模型等方式发展学生的美术素养。而实施的过程则特别关注情境的创设,关注学生的真实体验,以及将知识转化为方法、能力、智慧等综合素养形成的过程。

与此同时,实验一小也改变自主拓展课程的建设方式,以项目活动方式为主,构建了创新实践项目、花样运动项目、民族技艺项目、艺术表演项目四个项目组,开展指向核心素养的拓展课程建设,让每一个拓展科目都与学生发展核心素养相对应,共同培育学生能力与素养。

2017 年,随着教育部和上海陆续颁布《中小学综合实践活动课程指导纲要》《上海市中长期教育改革和发展规划纲要(2010—2020 年)》和《关于做好幼小衔接工作、优化小学低年段综合主题活动的指导意见》等文件,实验一小逐渐推进"创智之美课程"之"主题式综合活动课程"研究,让课程研究走进 3.0 版本。

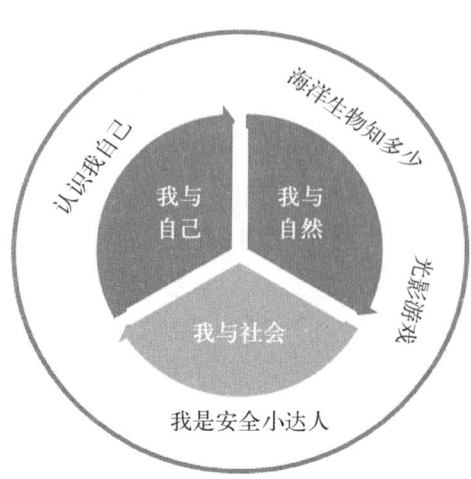

图 5-10 低年级主题综合活动课程框架图

与基础型、探究型课程中强调知识与能力不同,逐渐推进的低年级主题综合活动课程,以"我与自己""我与自然""我与社会"三个维度建立课程(见图 5-10)。

课程基于学生核心素养发展、儿童的身心发展和认知能力的发展规律,关注儿童从幼儿园向一年级发展和过渡的衔接期和转折期。通过创设丰富有趣的学习情境和活动机会,在多领域多学科的活动中为学生提供综合经历,引导学生在活动中学、游戏中学、探究中学,在"玩玩做做"中初步形成对自我、社会和自然的整体认识,养成良好的生活、学习和交往习惯,提高学习适应性和社会适应性。实验一小已开发《认识我自己》《快乐的课间(民间小游戏)》《安全小达人》《垃圾分类我来做》《海洋生物知多少》《光和影子》《我的积木玩具》《建筑里的数学》《气球游戏》《自然大冒险(积木)》《生肖里的故事》等课程。

② 创新课程融入两类课程建设中

为丰富学生素养培育的途径,在建设创智之美课程中,实验一小还积极开展"创新素养培育基地"建设(见图 5-11)。根据学校办学理念和创新素养基地育人目标,在扎实推进基础型课程的实施时,实验一小围绕学科核心素养进行研究与课堂改进,挖掘基础型课程中的创新因素,坚持模块、单元与课时创新目标的一体化,发挥基础型课程奠定创新底色的作用。在主题综合探究活动课程中,开展研究型、项目化、合作式学习,突出学生在学习与实践活动中的主体地位,利用各种有效的探究模式和探究方法,培养学生各方面的探究能力,提升学生的综合素质,以强壮创新筋骨。此外,实验一小重点加强创新实验室课程建设,建设了 7 个创新实验室,形成创新素养培育的"多平台众机会"。

(3) 德育课程:探寻德育课程内容与形式,培育学生综合素养

美育与德育,从理论上讲,就是美与善的关系问题。从伦理观点看,

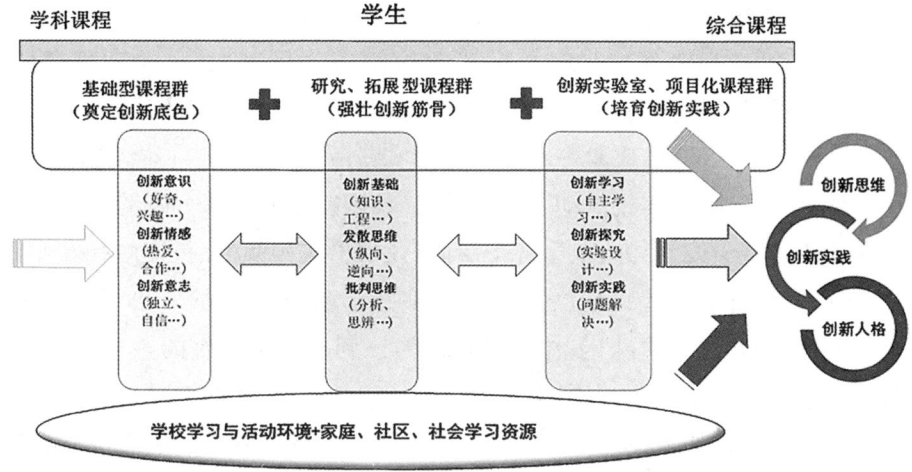

图 5-11 创新素养培育框架图

美是一种善;从美感观点看,善也是一种美。美育以德育为基础,真正有美感修养的人,必然也是品德高尚的人。为此,实验一小重视德育课程内容与形式的建设,营造课程美育氛围,让学生的综合素养趋于完整、趋于和谐。

① 开展德育一体化与思政一体化研究

2015年,作为金山区德育课程一体化研究和试点学校,实验一小积极探索学科育德与融合育人的方法策略。在研究中,以生活德育为核心理念,根据不同阶段学生的身心特点、认知规律,挖掘和梳理"品德与社会"中各类德育教育资源,并从学生的社会生活和经验出发,将这些资源融入学校德育课程中。同时结合弘扬与传承中华优秀文化等每月主题活动,充分利用家庭、社区和共建单位等社会资源,发挥校外社会实践基地和爱国主义教育基地资源作用,建构了以"学生"为主体,"品德与社会"课程与学校德育活动、传统文化课程和实践活动课程"四位一体"的德育课程新格局。

2019年,实验一小成为思政一体化试点学校。实验一小借鉴德育课程一体化的实践经验,根据一体化实践要求,以"四史教育"和"家国情怀教育"为重点,以"传承红色基因"为主线,以《道德与法治》教材为载体,以"雏鹰假日探访活动"为方式,挖掘社区和共建单位的人文资源,开展《道德与法治》学科校本综合实践活动探索,在"家校"互动、"社校"联动等方面全方位推进育人模式的建立和完善。

② 开展德育课程内容与形式研究

在建设"道德之美""生命之美"课程中,实验一小将"体验性""情趣性"两个美育的显著特征用于德育活动建设,提高课程美育的实践效益。

基于体验性原则,实验一小组织德育实践活动,比如"童心岗位服务"活动、"童心行动"主题实践活动、"童心节日"校园特色活动等。实验一小把这些活动放置于学校、家庭、社会各个层面,让学生在接触生活、接触社会中收获特有的成长体验。以"童心行动"主题实践活动为例,实验一小组织了"点线面"三个层面的活动,把东林养老院作为三到五年级学生的服务点,定期组织学生开展服务活动;根据学生的年龄特点,为五个年级设计不同的体验线路,如一年级"乘坐环城车",体验朱泾镇的变化;二年级去乐购,体验"购物小课堂"等;实验一小还利用寒暑假、节假日,组织"面"向所有学生参加的体验活动,如清明节探访活动等。

基于情趣性原则,实验一小组织仪式教育,如"童心成长典礼"活动。实验一小注意到仪式教育对浸润儿童心灵和升华儿童道德的作用,为此在组织"童心成长典礼"活动中注意情景的创设与渲染。比如三年级集体生日庆祝活动,实验一小将家长们请进校园,通过数字故事让学生与家长一起"追忆童年"。通过亲子联唱、小品表演、诗歌朗诵等节目,让学生与家长深深感动,"难忘瞬间"。最后在音乐的映衬下,孩子们打开父母给他们写的信和礼物,一起"憧憬未来",也把活动推向高潮。随着孩子们把生日大蛋糕的蜡烛吹灭,现场气氛更是达到了沸点,孩子们在父母、老师的一声声祝福中,将一块块小蛋糕送到父母嘴边,与父母一起分享着生日的甜蜜与幸福⋯⋯这种富有感染力的仪式教育,缓解了道德教育中的约束性和强制性,增加了其自由性和活力,让学生在富有情趣的情境中实现情感的陶冶和心灵的塑造,促进了学生的个性发展与人格完善。

③ 开展学生评价体系研究

为促进学生素养的全面发展,推进学校素质教育,实验一小在设置"服务之星、学习之星、科技之星、艺术之星和体育之星"等星级评选奖项的基础上,基于实验一小培养目标,修订"实小最美少年"(包括"礼仪少年""活力少年""乐学少年""才艺少年")评价指标,对学生德、智、体、美、劳等诸方面的素质发展状况和发展水平进行评价,积极探索体现学校美育内涵的学生评价体系,形成了立体的、全方位考察学生的考评细则,并利用评价结果改进课程设计、建设和实施,提高课程的针对性和实效性,促进学生综合素质的发展。

5."淑新"文化影响下的课程评价研究:从关注"双基"走向"三维评估"

课程评价是促进学生全面而有个性发展的重要保障,是课程改革和创新的导向动力。二期课改的提出,使课堂教学由"以教师为中心"转为"以学生为中心",这一转变使得原有的关注基础知识和基础技能,以选拔为纲、分数为目的的课程评价方式显得相对滞后,学校应做出改变才能顺应时代潮流。随着核心素养时代的来临,课程评价应该着眼于人的全面发展,着力于人的核心素养培养,在评价时应彰显多元的思维品质,体现多元、开放的精神姿态。在此背景下,实验一小深入开展课程评价研究。

(1) 关于基础型课程的评价

① 完善课堂教学观察量表

对教师的课堂教学开展评价,可以提高教师对自身课堂的要求,进而提高课堂效率,让学生更好地习得知识。1998年2月,实验一小制订金山区第一实验小学课堂教学评价表,从教学思想、教学目标、教学能力与方法三板块十方面开展对教师课堂的评价,还设计了定性描述,用文字对课堂的亮点进行评价。

2012年,在开展学科基础素养评估研究中,实验一小结合美育实践,修订观察与评价表,从教学设计、教学过程、教学素养、教学效果四板块十方面开展评价,教学创新处则用文字进行表述。(评价表见表5-3)

表5-3 第一实小美育课堂教学观察与评价表

授课教师		学科		授课班级		听课教师			
课 题						听课时间			
开课级别	国家级( )	市级( )		区级( )	片级( )	校级( )		随堂课( )	
观察项目y		观察指标				评 价 标 准			得分
						A	B	C	D	
教学设计	教学思想	符合"课标"精神,并遵循儿童身心发展和学科学习规律,面向全体学生,突出学科的审美性、参与性和兴趣性原则,以及以学定教的教学思想				10	8	6	4	

(续表)

观察项目 y		观 察 指 标	评价标准				得分
			A	B	C	D	
教学设计	教学目标	三维目标定位准确,符合实际并有所侧重,突出学科审美素质培养要求	10	8	6	4	
教学过程	教学内容	体现学科的课程性质和课程价值,内容解读正确,难易把握适度,条理梳理清楚,新旧知识有效链接	10	8	6	4	
	教学方法	教学环节能围绕教学目标有效展开,学习设计巧妙,符合学生的认知规律,方法灵活多样,能指导学生自主学习、合作学习和探究学习,激发学生的学习动机及兴趣	10	8	6	4	
	教学主体	体现以学生为主体,关注学生自主学习能力、良好学习习惯的培养,珍视学生独特的审美体验,学生思维活跃,学习兴趣浓厚,参与率高,学习任务合理,学习成效明显	10	8	6	4	
教学素养	教学能力	语言清晰,教态亲切自然,专业技能技巧熟练规范,示范、板书设计美观、合理,媒体使用恰当	10	8	6	4	
	教学智慧	教学中因势利导,善于捕捉学生学习信息,及时调整教学方式,促进课堂有效生成	10	8	6	4	
教学效果	教学环境	注重创设民主、和谐、愉悦的教学环境,师生互动,学生互助合作,气氛融洽,体现审美教育功能	10	8	6	4	
	教学反馈	关注不同发展层次的学生,评价方式具有多元化,评价内容具有引导性、激励性,体现人文性	10	8	6	4	
教学创新描述(10)						总分	

从评价的变化,折射出实验一小对"淑新"课程改革的一路理解与思考。随着核心素养的提出,2017年,实验一小将美育课堂教学评价表进行了修改,一表变四表,语数英综合四门学科分别根据指向本学科的核心素养,细化评价表中的内容。

以数学学科为例,表中的教学方法和教学主体中的主要内容都是针对数学学科的特点形成的,关注到了学生的学习方法、思维方式、习惯培养等,更明确地体现了学校美育课程对课堂的要求。数学评价表的部分内容如图5-12所示:

教学过程	教学方法	方法灵活多样,能指导学生自主学习、合作学习和探究学习,教学活动的设计与组织符合数学知识的形成规律和学生认知规律,促进了学生思维发展。	10	8	6	4
	教学主体	学生积极参与小组学习,通过各种学习活动建构数学知识,形成数学技能,数学思考与解决问题能力得到发展。关注学生自主学习能力、良好学习习惯的培养,珍视学生独特的审美体验。	10	8	6	4

图5-12 数学学科课堂教学评价表

② 建立综合素质评价体系

二期课改初期,实验一小主要采用以百分制为主的评价体系,在期中和期末开展测试,通过测试的成绩评价学生知识技能方面的掌握情况。但这样的评价方式较单一,评价内容较片面,并且容易让教师和学生产生唯分数论思想。二期课改在课程评价上有许多重大突破,其中一个重大突破就是建立综合素质评价体系。

2012年,实验一小启动了"小学生学科基础素养综合评估研究"项目。基于评估体系,语数英学科根据学科课程标准,从知识技能、综合实践和兴趣习惯三个维度,对学生的学习情况作出评价,力求体现"评价为了诊断""评价为了发展"这些目标。针对一年级的学生年龄特点,实验一小开展"童心起航"一年级学习准备期"童心乐游园"期末综合评价,不断探索基于课程标准的小学低年级分项检测方式、小学低年级综合性评价方式和低年级跨学科主题式活动的内容及形式。

实验一小依据检测中获取的数据，认真研究与分析学生的优势发展区，为学生提供合理、可行的课程学习平台，让学生得到最优发展。评估单以语文学科 3—5 年级为例，如图 5 - 13 所示：

基础型课程

金山区小学生语文学科基础素养评估报告单（三—五年级） 2019 学年 第二学期

关注学习过程　关注学习兴趣　关注学习习惯

维度	内容	日常表现 1	2	3	4	总评	老师留言（结合 10 个方面的内容，突出优点和不足，进行描述并提出建议）：
知识技能	积累						
	阅读						
	实践						
	习作						

维度	内容	评价要求	一	二	总评
综合实践	作品	✧ 有目的地通过观察、阅读、咨询、上网、访问等方式搜集资料。 ✧ 用书面、口头或图文等方式表达自己的见闻、经历、想法和成果。			
	合作	✧ 参与活动设计，乐意接受分工并完成任务，能主动与伙伴交流。 ✧ 能对自己和他人的学习成果作比较正确的评价。			
	交往	✧ 认真倾听，能把握主要意思，能参与讨论并敢于发表自己的意见。 ✧ 能完整地讲述小故事，能清楚地讲述见闻和自己的观点。			
兴趣习惯	听讲	✧ 耐心专注地倾听，能听清别人的意思。 ✧ 能大胆发表自己的感受和想法，表达流畅，态度自然。			
	读写	✧ 能认真预习、复习，尝试解决课文中遇到的问题；能自主阅读。 ✧ 能熟练书写，按时完成作业，认真检查、及时纠错，簿本整洁。			
	爱好	✧ 对某一项语文活动有浓厚的兴趣。 ✧ 有突出表现。			

图 5 - 13　语文学科基础素养评估单

同时，实验一小设计了“童心闪耀”兴趣习惯记录本，将各学科的要求记录在内，若学生达到要求，则在相应的地方敲上小红花。通过这本记录本，教师积极开展日常观察、过程记录、分析诊断等过程性评价。红花本如图 5 - 14 所示。

（2）关于拓展型课程与探究型课程的评价

① 评价方式多样化

拓展型课程和探究型课程注重学生在参与活动中的体验、感受，以及由此形成的规则意识、思维能力、实践能力、审美能力等。学校拓展型课程和探究型课程对教师的实施情况、学生学习情况等均依据实施目标和落实情况进行多方位的评价，注重过程性评价管理。

实验一小根据不同的主题（项目）活动，选择不同的评价方式进行评价。日常评价和即时评价贯穿于活动的整个过程；任务和记录单评价，包括活动记录、游戏或实验的调查记录表、学习体会、日记等，作为成绩评价的主要依据；活动成果展示，包括表演、模型、设计方案、手工制作展示等，主要关注学

图 5-14 语文学科"童心闪耀"兴趣习惯记录本

生在学习之后的表达;项目评价与阶段综合评价是在每个活动项目结束后,组织学生进行评价,促使学生在活动之后能及时进行总结和反思,指导后续的活动,并为每学期的阶段性综合评价提供依据。

② 评价载体多样化

实验一小利用童心足迹活动记录平台,对学生的活动和参与拓展型课程、探究型课程中的表现进行分析和记录,让师生多角度地看到学生的成长需求和收获体验,并对学校课程、学生、教师作出相应的评价。在成长记录手册中,采用学生自评、互评、师评的方式进行纸质评价,关注学生在课程学习中能力的培养。

③ 优化课程评价方案

实验一小制定了《金山区第一实验小学拓展型课程评价方案》和《金山区第一实验小学探究型课程评价方案》,对课程、教师、学生进行评价,让拓展型课程和探究型课程发展更加健康,课程建设不断完善。

(三)"淑新"文化的教师培养与成长

教师是学校发展的第一要务。随着教育改革的不断深入推进,必然要求学校要重构教师教育课程目标及课程体系，重构教师教育理念与课程教学系统。而"淑新"文化对于教师的修炼要求，也需要学校关注教师的培养工作。为此，实验一小确立了"道器并举，和美发展"的教师专业发展理念，以建设一支内雅外秀，道器并举的雅趣教师队伍。

道和器是中国古代一对哲学概念。《易经》中说："形而上者谓之道，形而下者谓之器。"道器的关系为抽象道理与具体事物的关系，相当于精神与物质的关系。研读《小学教师专业标准》可见，对于教师而言，道就是教师的专业功底、精神修养、人文素养，它是教师专业发展中应具备的第一要素。而器则是教师的教学技能、教学方法、教学策略、教育技巧等，也就是教师的专业素养，它也是教师安身立命的根本。作为教师，只有道器并举，才能获得可持续发展的能量。

为培育道器并举的教师团队，实验一小积极探索校本培训方式，以引导教师过有情趣、有智慧的教育教学生活，让教师的生命能行走在有意义、有价值、有情趣的世界里。

1. 职业之道的修炼

为修炼教师职业之道，夯实思想根基，实验一小组织两大类常规活动，一是师德师风教育系列活动，二是四种活动常态推进，有专题报告、读书活动等"人文感悟式"学习活动、教书育人故事分享等"范例启迪式"培训活动、相约课等"团队共进式"研修活动、陶艺制作等"实践体验式"情趣活动，引导教师做有智慧、有魅力、充满情趣的教育者，并由衷产生对学校的认同感与归属感。

2. 专业之器的锤炼

为锤炼教师专业之器，培育专业素养，实验一小组织"专家导向式"培训活动、"项目带动式"研讨活动、"共建共享式"研发活动，以及"反省体悟式"交流活动，加强教师实践性知识的储备及实践性能力的修炼，提升对课程与教学的审视能力、教学目标的规划能力、教学过程的设计能力、课堂教学的判断能力、决策能力、反思能力等等，从而能主动适应时代发展的要求。

3. 培训方式的探索

（1）明确各阶段发展目标

为提升教师个体素养，实验一小依据"按需施培"的实施原则，采取分层培育机制，明确各阶段教师的发展目标。青年教师以"为美好的职业生涯奠基"为基本目的,构建了"岗位研修,骨干帮带,协同研训,制度管理"的新教师校本研训模式;成熟教师以"向远大的教育理想启航"为基本目的,构建了"岗位研修,任务驱动,特色发展,目标管理"的成熟教师校本研训模式;骨干教师以"成就美好的教育梦想"为基本目的,构建了"岗位研修,课题驱动,优势发展,目标管理"的名教师校本研训模式。

(2) 搭建不同发展平台

依据"按需施培"的原则,对于各层面的教师,除了组织一些特色活动如青年教师基本功比赛、成熟教师教学风采展示、骨干教师教学风格提炼外,在学校组织活动中,也明确不同层面教师的参与要求。如近年实验一小推进的"n+1"磨课活动中,"1"是指教研组内的一位青年教师,由她最先开始某一主题、某一内容的试教,而后跟进"n"个成熟教师、骨干教师的同课异构或同一专题讲座,在经历一个磨课过程后,最后让这位"1"的青年教师在广泛吸纳大家的经验之后,再在学校层面展示。这样的磨课活动,既锤炼了青年教师,也发挥了成熟教师、骨干教师的示范引领作用,使每一位教师都真正成为教研活动的主人。

(3) 给予不同发展机会

为了促进各个层面教师的发展,实验一小从师德修养与专业发展两个层面,设计了教师评价机制,给予教师发展机会。在师德修养层面,实验一小借助"我发现我感动,话最美实小事"等活动,开展美育教师评选活动,建立了"青春风采奖""辛勤耕耘奖""管理育人奖""服务育人奖""突出贡献奖"等分层分类评选机制,强化师德监督机制和激励机制。在教师专业发展方面,实验一小制定了"教坛新秀奖实施方案""学科带头人实施方案""青蓝结对工程方案",与区"三明工程"接轨,努力培养教师梯队。

4. 培训课程的优化

(1) 建设"童心乐园"教师和美发展课程

"十二五"期间,实验一小根据教师队伍发展情况,形成教师校本培训课程。如图 5-15 所示。

实验一小教师校本培训课程分成人文素养、实践取向和学科实践三大板块,共包含理论学习、实践体验、技能知识、专业知识、教研活动、课题研究和教科研节 7 个方面。由此可见,教师校本培训课程涉及范围广,内容十分丰富,能够有效促进教师专业发展。

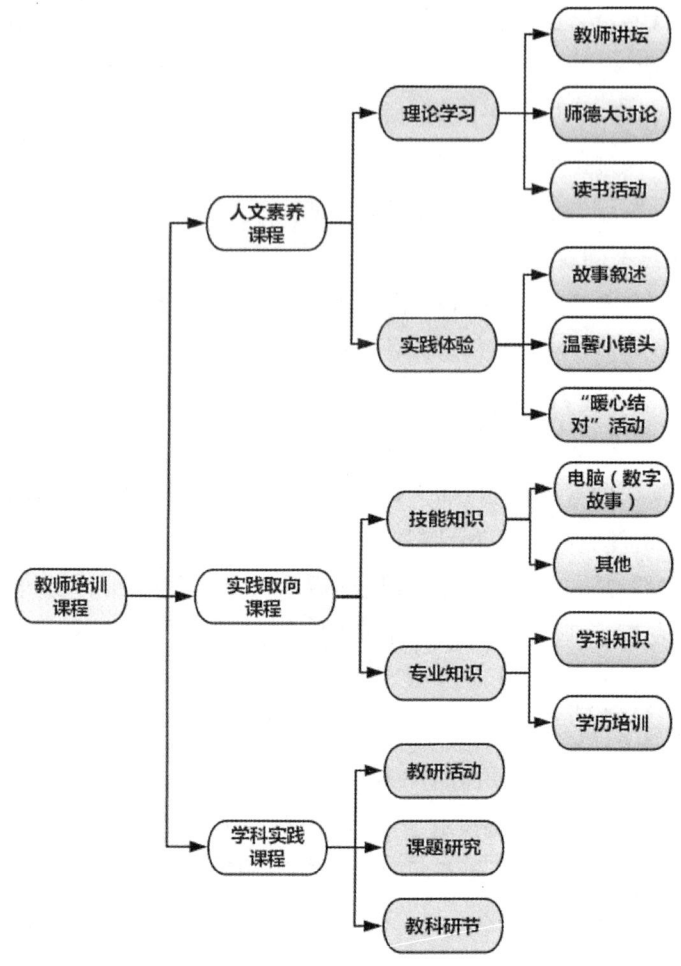

图 5-15 教师校本培训课程安排

(2) 构建"道器并举,和美发展"美育教师培训课程框架

"十三五"期间,实验一小针对教师培训特点,进一步探索校本培训模式,传承优质培训模式,建立美育教师培训课程框架(图5-16),促进教师道器并举,和美发展。

美育教师培育框架共分为人文素养课程和专业素养课程两大板块,再细分为生活情趣、理论学习、实践体验、专业知识、专业技能和教学实践六大方面,每个方面还细化了培训的内容。与"十二五"期间的教师校本培训课程相比,板块更清晰,更加注重教师人文素养的培训,致力于培养属于童心乐园的雅趣教师。

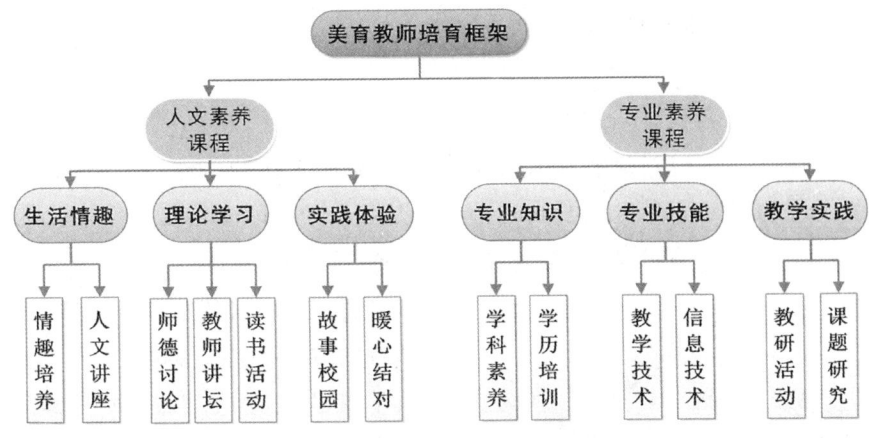

图 5-16 美育教师培训课程框架

五、"淑新"文化的未来构想与设计(2020—)

2020年的新冠疫情,似一双强大推手,让我们这个日益国际化国家在短短几天内摁下暂停键,并开启了一次史无前例的超大规模在线教育试验,也让各路专家学者孜孜以求的基于信息技术实现学生在家学习的设想成为现实。可见,不可预料是属于未来的特性。面向未来的诸多不可确定性,实验一小课程如何走向2030,让"淑新"文化得以生生不息地传播呢?实验一小进一步确立了办学愿景:办一所传承传统、融合现代的绿色智能学校,一所让童心、童真、童趣得到充分释放的美育特色学校,并设想画好三张画像:一是"智能+"校园的整体画像;二是未来课程的系统画像;三是未来教师的素养画像。

(一)人工智能与智慧校园相结合,勾画"智能+"校园的整体画像

伴随着云计算、物联网和移动技术等一系列新技术的出现与发展,为研究信息时代的教育范式、建设智慧校园提供了可能。2017年7月,国务院发布《新一代人工智能发展规划》;2018年4月,教育部发布《教育信息化2.0行动计划》。如此高频次且高层次的文件发布,都对学校课程建设提出了新要求。实验一小需要不断完善课程建设方案,构建信息时代、智能时代

的课程体系,以适应时代的发展与变化。

1. 构建"智能+"校园的整体框架

为加速推进教育现代化的进程,近年来,实验一小已经开始思考"智能+"校园的建设,并邀请专家一起构想。"智能+"校园是在人工智能技术不断发展的基础上产生和形成的,人工智能技术(AI)也是教育信息化的物理基础。AI在校园中的使用融合了大数据、学习分析、人机交互和语音与视觉识别等技术,这些技术都影响着教育和学习的方方面面。因此实验一小借鉴专家学者的意见,重点建设"智能+"校园五个不同的层次和组成,包括数据层、技术层、算法层、框架层和应用层(见图5-17)。数据层主要是学校管理与学生学习数据的收集、整理与分类;技术层主要是各种传感器,如语音识别、图像识别等,也包括与AI相联系的学习科学、脑科学和学习心理等新技术;算法层则是AI中最常用的一些算法,如深度学习、增强学习等;框架层聚焦了各种技术的操作系统,扩展了"智能+"校园的使用可能;应用层是面向学校师生的各种应用,也是功能性和个性化需要的体现。

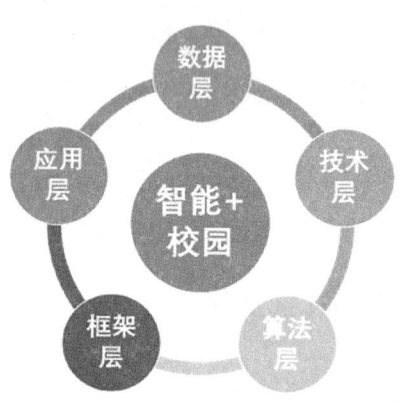

图 5-17 "智能+"校园五层次

2. 明确"智能+"校园的整体目标

实验一小提出的以"智能+"校园为主要特点的学校教育信息化2.0,不仅仅是简单的信息技术的使用,更是教育生态的整体重构,力求颠覆性地改变传统的教育模式和方法,实现教育各个维度的变革,如基于信息技术的教学模式转变、基于互联网的学习服务模式变革,以及学校信息化时代教育组织与治理的变化,等等,为"淑新"文化注入新内涵。

在整体规划和设计中,以"人"为核心点,以全方位创新的方式将信息化技术嵌入学校工作的方方面面(如图5-18所示),打造具有安全、绿色、

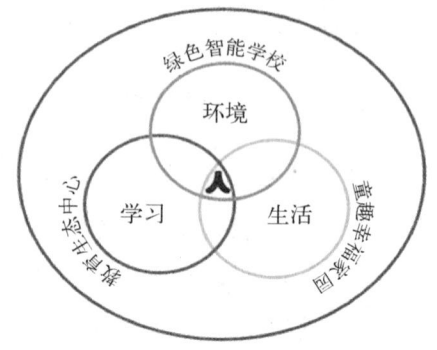

图 5-18 "智能+"校园整体目标

智能特点的学校环境(如图5-19所示);在信息技术常态化、无感化的应用中,为学生学习提供全程、全纳、个性的帮助,发挥信息技术应用助推学生能力素质提升拓展的作用;挖掘信息化的人文关怀作用,打造好玩、舒适、人性的师生实践与生活空间。在"智能+"校园的建设过程中,更多关注基于5G网络技术形成的共享、智慧、灵活的教育与学习环境建设,从学生学习环境与智慧课堂等与教学方式改革的角度出发进行建设。

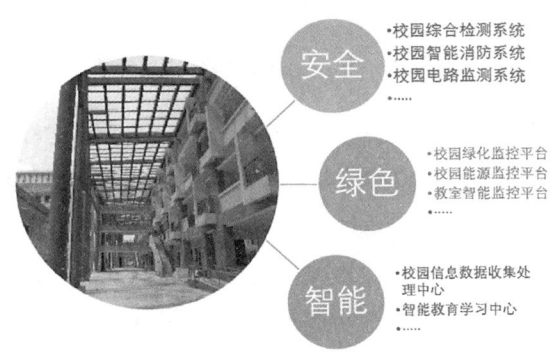

图5-19 学校环境

(二) 个性化与全程性相结合,勾画未来课程的系统画像

基于"智能+"校园的整体构想,为打造好玩、舒适、人性的师生实践与生活空间,在课程建设中,实验一小基于美育办学思想,积极研究"人是怎么学习的",系统构想未来课程。

1. 在课程设置与形态上,突出个性化

实验一小建设的"智能+"校园,主要依托人工智能的发展和大数据技术,为全面记录学生的学习行为、过程和结果提供了可能,也为依据数据进行个性化的课程设置提供了依据。期望在数据分析技术和学习科学的结合上,建构一个基于大数据技术的多源多维的学生课程设计模型,将学生客观信息的采集范围扩大至课堂内外、正式和非正式学习环境、线下和线上学习、学习活动和生活表现等多个视角,形成基于大数据的学生个体和群体的综合素质数字画像。(如图5-20所示)

基于这些数据,实验一小可以从德智体美劳五个维度做系统的解构深化美育实践研究,勾勒出详尽、真实的学生个人数据画像,在挖掘潜质、因材施教、减负增效、数据驱动的基础上,形成学生的个性化学习课程,推动学生

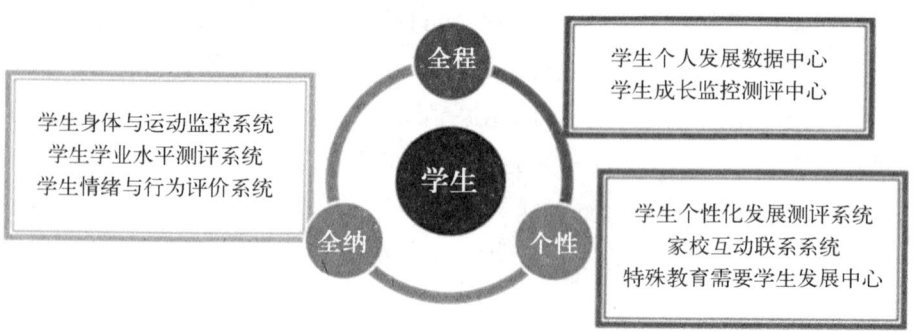

图 5-20　学生行为、过程、结果记录

的个性化学习,匹配学生的内在潜能和最适宜学习方式,促进学生全面发展,并以此对教师优化教学策略和实施大规模因材施教提供依据。

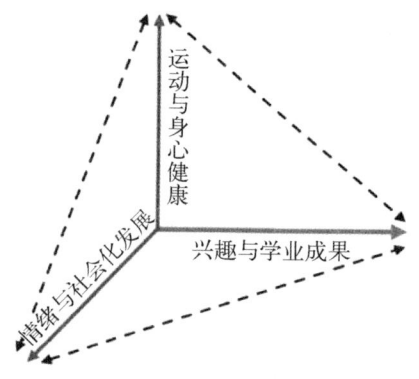

图 5-21　学生课程设计模型

基于学生课程设计模型,重构课程体系,进一步优化德智体美劳融合育人系统,建设学生个性化发展需要的课程(如图 5-21 所示)。个性化课程,包含两个层次,一是学科课程的个性化,即不同的学生对同一课程有不同的要求;二是课程结构的个性化,即不同的个体需要选修不同的课程。学生的个性化课程既充分尊重学生的学习客观,又给予学生选择的机会与权利。

2. 在数据采集与分析上,突出全程化

为全程采集学生的学习数据,实验一小将通过对传统课堂的信息化改造,引入语音、文字、图像识别、视频捕捉等功能,采集学生上课行为、课外活动行为,以及教师课堂教学等数据,基于此进行处理、分析、研究。创建学生档案,成立专业、专门的教学小组,以生成的可视化决策报告来计划和评估课程,从而得到有效、及时的课程反馈,在不断地观察、监测中更新和完善学生档案,有针对性地实施教学改良,同时也能优化教师的教学质量。此外,对学生行为的分析,也有利于及时监控、干预其精神状态,促进学生的健康全面发展。这种根据"行为观察+互联网+数据思维=科学评估"的评价思路,为个性化课程的推送提供了坚实的技术基础。

3. 在课程组织与实施上,突出多样性

大数据来源于实践,并用于实践。在课程组织与实施中,实验一小将基于"智能+"校园的五个层次和组成开展研究。在组织方式上更突出灵活性、多样性、开放性、整合性等特征。

(1) 游戏化学习,链接真实生活场景将成为课程设计的一种基本思路

作为国际教学设计领域的领军人物——戴维·H.乔纳森终其一生都在进行问题解决的学习研究以及支撑学习的环境设计。他说:"无论是在学校环境以内还是以外,有意义的任务具备的最一致的特点就是需要人们去解决问题"。单元整体教学,无论是现在还是未来,都将是主要教学组织方式。以单元学习目标为指向,基于单元教学的重难点要求,设计一些挑战性的任务情境,将知识嵌入真实性的学习场景中,让学生在情境化、游戏化的学习中将知识转化为方法、能力、智慧、价值观念等综合素养,应该成为主要的设计流程。

游戏是一种融知、情、意于一体的审美体验。新加坡国立教育学院学习科学副教授徐炎山先生及其团队致力于将教育原理嵌入游戏成品中,考察、培养学生的各项能力。"治国之道 X"是其所研发的一款将自我代入政府的游戏,无疑是一个很好的范例。整个课程看似只是一个游戏,实则与学生未来生活相连接,与互联社会相连接。在问题情境中,学生既得到了大量的延伸式内容、知识的学习,也经历了价值观的拷问,即"作为公民,我认为什么才重要?"这种嵌入理念的课程设计。关注于问题的空间,设计了"知识需求"的语境,将课程设计成学生参与求解问题的大空间,真正做到了教师、项目、任务、技术共同为学生创造真实的学习情境服务,也为未来课程的组织与实施提供了很好的借鉴。

(2) 项目式学习,将成为学生学习的一种基本方式

项目式学习(简称 PBL)是全球教育中的一个热点话题。做项目是项目式学习的主要方式,但其中的意义绝对不是完成一个项目这么简单。从问题的发现到设计方案,再到实施方案并解决问题,与过去机械训练不同,项目式学习的关键在于过程价值以及思维方式在真实世界中的迁移应用。

拿现在十分流行的"编程"课程举例。当学生合作完成一个小程序,作为结果产出的这个程序的意义远不如编写程序过程,学生对这个软件的运作方式、运行目的的思考和解决来得重要。不同于以往信息课重在教授基

本的电脑使用技巧,学会运用常用的软件等,编程课的开设并非只是要求孩子们掌握抽象的程序语言,它的目的更在于培养孩子们的逻辑思维能力以及自主解决问题的意识。

如果在项目式学习中学生所产生的这种"分析问题——解决问题"的思维方式,可以迁移到其他情境当中再次实践,长此以往,学生的思维能力就能够在真实情境中通过"思考—应用—实践—反思"的模式达到螺旋式上升,继而达成核心素养视角下项目式学习的目的,应对未来的各种挑战。

可以说,项目式学习是以融入式思维课程为载体,指向的是高效思维自动化。未来,或者说当下,我们会遇到什么样的挑战?应对这些挑战,个体应该具备怎样的能力?科学技术的优越性如何最大限度地发挥?解决这些问题,是开展项目化问题设计的基本立足点。

(3) 线上线下混合学习,将成为教与学的一种基本样态

魏忠博士在《教育正悄悄发生一场革命》中描述了信息时代的学校教育景象。在这种场景中,线上线下教学走向混合、走向融合是必然的。通过2020年在线教学,有效拓展了教师的教学视野,学校可以引导教师运用所掌握的制作微视频、微课等技能,赋能传统教学,开展翻转课堂教学研究,把传统的课堂讲授通过微视频上线的形式进行前移,给予学生充分的学习时间,尽可能让每个学生都带着较好的知识基础走进教室,而在课堂上教师的讲授部分仅仅针对重点、难点,或者同学们在线学习过程中反馈回来的共性问题,①探索"移动学习与固定学习并举、线上学习与线下学习共存"的混合教学模式。对于实验一小的一些特色课程,之前限于场地、教师等因素,受益面较小,以后可以更多地搬迁到云上,探索"教师线上指导"与"学生线下实践"等的混合指导方式,让更多的优质资源得到共享。

(三) 自觉实践与善用资源相结合,勾画未来教师的素养画像

未来教育者的角色价值在于如何设计有成效的、具有趣味性的教学任务,通过自我热情和专业知识的注入来更新课程。在这样的背景下,作为教师需要加入各种创造性的实践中,与他人、与社会、与人工智能积极合作,以实现教师的特有价值。

---

① 薛璐.高校混合教学模式的探索与改革[J].基层建设,2019.

1. 善用技术——未来教师的智能素养

人工智能时代,体现重复性的需要、有大量数据积淀的事情,都可以被人工智能取代。这对教师的教学方式和专业发展形成了巨大的冲击。当人工智能可以随时随地用更精准、更有效的方法来进行课程个性设计与多样教学的时候,老师还有什么用?

毫无疑问,重复性、机械性工作可以交给人工智能,但不意味着谁替代谁。人工智能在教育中的应用是一种教育创新,教师需要以非常积极的态度来面对人工智能,具有充分的信息素养,做能够熟练地将大数据、人工智能等技术用于日常教学的高手,把日常教学中知识传授和其他重复性的工作交给人工智能,充分利用智能技术改进自己的教学理念、教学方法,成为掌握信息技术的高手。同时及时关注最新技术进展,掌握如何运用人工智能技术来分析教学过程中的案例和问题,在此基础上重点做好育人的工作,做好学生个性发展的帮助与指导工作,成为具有创新思维和智能思维的教师。

2. 强强联合——未来教师的合作素养

在2020年疫情防控期间,上海市打造的"空中课堂",成为全国领先的在线教育品牌。而未来,空中课堂将会成为一种教学常态。这一变化表明:未来教育的时间与空间都将被打破,强强联合将成为未来教师合作的主要方式。

这次线上教育兴起的"双师教学",成为新的教育风尚。这种教学模式原本是由于一些优秀的教师因为种种原因无法进行线下教学,进而通过网络进行授课而形成的。线下则有一位老师专门负责课下作业辅导和知识点巩固。在这个共同授课的过程当中,引导学生掌握更好的学习方法,提高学习技能。

今年的"双师教学",也让教师看到,未来这种合作模式将会大量使用。同一节课,擅长实验操作的老师和精通理论教学的老师共同授课,各自发挥教学长处,在两人的相互补充中,学生的学习更为全面,教学效果自然成倍增长。

信息技术的发展为各个地区之间的教育资源搭建了交流平台,未来,"N师教学"的发展也并非纸上谈兵。

3. 优化组合——未来教师的整合素养

信息时代的来临,信息化建设的不断深入,视频教育的逐步丰富完善,智能化硬件软件的推出应用……这些都成为后疫情时期教育产业信息化的核心命题。线上线下混合式教学的关键是优势互补，打通学校主体机构与网络教育的壁垒，学习的物理空间不再重要。

在 2020 年疫情防控期间，以及后疫情时期，许多博物馆、风景区等都开放了网上云游平台，为学生的学习拓宽了视野。因此，基于社会发展的形势，实验一小可以有效利用社会、家庭、机构、企业等相关资源，打破"校园围墙"，让优质教育资源进入学校，进入学生的学习生活中，让学习真实发生。如此纷繁复杂的资源，如何为我所用，需要教师从核心素养角度，对各类资源进行加工组合，成为一个项目、一个游戏，以真正改变学生的学习方式。

"淑新"文化的显著特点就是不满足于现在，勇敢面向未来，主动对自身进行改革。事实上，日新月异的科学技术正在将世界发展的速度提至前所未有的高度。在我们讨论未来的时候，前进的脚步从未停歇，现在和未来的界限日益淡化，已然呈现出混融之势。未来近在眼前，如何在新时代打造新教育便成了比预想中更为迫切的需要。我们需要仰望星空，但更应该脚踏实地。对于未来课程的所有创想，都要回到最根本的问题上来，即"人是教育的目的"。无论是现在还是未来，学校办学思想中的人文情怀都不能随着技术发展成为冷冰冰的数字与图表。我们需要永远谨记叶澜教授的这句话："教天地人事，育生命自觉。"

参 考 文 献

[1] 王世光,周耀慈."旧学""新知"之际——论清末民初女子修身教科书[J].教育科学研究,2017(04):87-92.

[2] 吴琼.动荡时期的德育出版物——清末民初的修身教科书研究[J].华中师范大学研究生学报,2016,23(02):132-136.

[3] 徐丹.近代德育内容演变研究[D].浙江师范大学,2017.

[4] 邓璐.清末基础教育课程政策决策研究[D].华东师范大学,2018.

[5] 张猛猛.民国时期江苏中小学教学工作发展概述[J].江苏教育,2014(31):36-40.

[6] 路宁.课程政策中的课程权力研究[D].内蒙古师范大学,2009.

[7] 林乙烽.清末民初的中小学教育[J].徐州师范学院学报,1982(03):107-108.

[8] 肖菊梅.清末民初赫尔巴特"五段形式教学阶段"的导入及推广——以汤本武比古的《教授学》为考察中心[J].教师教育学报,2014,1(06):62-67.

[9] 肖圣尧.清末民初江苏小学教育研究[D].扬州大学,2011.

[10] 吴小鸥.清末民初教科书的启蒙诉求[D].湖南师范大学,2009.

[11] 韩振刚.清末民初教科书知见概述(上)[J].出版史料,2010(03):30-37.

[12] 韩振刚.清末民初教科书知见概述(下)[J].出版史料,2010(04):119-125.

[13] 余波,徐仲林.清末民初教育转型时期我国课堂教学特点分析[C].中国地方教育史志研究会,2009:220-223.

[14] 姜恕.清末民初蒙学教育向小学教育的嬗变之路[D].陕西师范大学,2012.

[15] 刘景超.清末民初女子教科书文化传承与创新之研究[D].湖南师范大学,2014.

[16] 雷熙.清末民初女子教科书缘起及演变[D].湖南师范大学,2012.

[17] 李森,杜尚荣.清末民初时期基础教育改革的基本经验与现代启示[J].西南大学学报(社会科学版),2013,39(02):57-64.

[18] 翟娟.清末民初我国的学校音乐教育制度[D].华中师范大学,2012.

[19] 孙凤华.清末民初我国中小学修身科课程宗旨演变大要[J].通化师范学院学报,2010,31(01):101-103.

[20] 刘芳.清末民初小学德育教材故事素材分析[J].编辑学刊,2017(01):73-77.

[21] 杨来恩,黄山.清末民初小学教授案是如何撰写的?——对117份教授案的文本分析[J].全球教育展望,2017,46(02):77-88.

[22] 税锐华.清末民初语文教育研究[D].华中师范大学,2010.

[23] 杨来恩,黄山.清末民初中小学教授案的兴起及其价值[J].基础教育,2017,14(01):60-67.

[24] 刘高才.清末民初中小学体育教学用书的文本分析[D].浙江师范大学,2017.

[25] 郝梦雪.清末民初中小学体育课程的萌芽与发展[D].河北师范大学,2018.

[26] 姜丽萍.清末民国时期中小学教案的概况及其意义[J].基础教育,2009,6(01):45-49.

[27] 赵明辉,杨秀莲.清末民国中小学德育课程教学设计的内容、特点及当代价值[J].中学政治教学参考,2019(02):71-74.

[28] 陈洋,梁励.辛亥革命时期教育嬗变述评[J].江苏教育学院学报(社会科学版),2001(06):68-71+113.

[29] 董远骞,施毓英.俞子夷教育论著选[C].北京:人民教育出版社,1991:490.

[30] 顾明远.教育大辞典(第三卷)[M].上海:上海教育出版社,1990:214.

[31] 张礼永.教育建设的第三条道路——民国时期教育研究组织之探析[D].华东师范大学,2011.

[32] 李汉潮.民国小学语文教科书儿童本位探析[J].语文建设,2015,000

(010):56-59.

[33] 李占萍.清末学校教育政策研究[D].河北大学.
[34] 严加红.中国近代早期"采西学"教育思想的产生与发展评述[J].国家教育行政学院学报,2005(04):90-94.
[35] 校邠庐抗议.载《采西学议》第67—69页.
[36] 李世宏.西学东渐与中国传统教育早期转型[J].中外教育(福建),2002(3):15-18.
[37] 郭齐家,葛新斌.西学东渐与中国教育目标的近代化[J].教育研究,1997(07):62-66.
[38] 侯耀先.洋务运动时期洋务派对富国强兵道路的探索[J].宝鸡文理学院学报(社会科学版),2007(04):60-64.
[39] 李华兴.戊戌维新与中国教育近代化[J].上海社会科学院学术季刊,1998(03):163-172.
[40] 陈瑶.清末民初学前教育课程研究[D].东北师范大学,2008.
[41] 马永斌,刘文渊.留日和留美教育对中国近代教育影响的比较研究[J].清华大学教育研究,1997(04):78-82.
[42] 连城.洋务运动与中国教育的近代化[J].安徽文学(下半月),2008(01):138.
[43] 徐辉.废除科举制与中国社会的现代转型[J].厦门大学学报(哲学社会科学版),2003(05):27-34.
[44] 张亚群.废科举与学术转型——论清末科学教育的发展[J].东南学术,2005(04):49-54.
[45] 周牧.留学生对清末教育改革的参与和影响[J].江苏社会科学,2016:243.
[46] 林乙烽.清末民初的中小学教育[J].徐州师范学院学报,1982(03):109-110.
[47] 方成章.怎样应用设计教学的过程[J].金山县教育月刊,1924,1(05):6-14.
[48] 部颁小学课程标准总纲:第一小学教育总目标[J].教育刊,1933(139):55-56.
[49] 冯卫斌.民国时期小学课程改革浅探[J].安徽教育学院学报,1998(1):

79-83.

[50] 附载一：金山暑期讲习会时间表[J].金山县教育月刊,1928,4(10)：74.

[51] 公文：大学院颁布小学暂行条例训令[J].上海教育(上海1928),1928(03)：14-16.

[52] 规程：金山县小学训育大纲(中心目标)[J].金山县教育月刊,1931,7(09)：28-29.

[53] 郭鉴.教育测验在中国的引入及其对初等教育成绩考查方法改进的研究[D].西北师范大学,2019.

[54] 胡金平.民国时期江苏中小学教育发展的历史经验与反思[J].江苏教育,2014(08)：11.

[55] 瞿苣丰.成绩考查的一般方式及其应用(附图表)[J].江苏省小学教师半月刊,1936,3(11)：6-10.

[56] 孙怀琮.第四届小学毕业会考：本县第四届小学毕业会考报告(附图表).教育季刊,1933,2(01)：102-147.

[57] 盛朗西.小学课程沿革[M].福州：福建教育出版社,2008.

[58] 淑新小学研究部.教材：新编常识教材[J].金山县教育月刊,1925,3(03)：15-26.

[59] 学校教育：第七届小学毕业会考(附表)[J].金山县教育年报,1935(01)：170-198.

[60] 学校教育：第二届小学自然科实验竞赛会[J].金山县教育年报,1935(01)：169-170.

[61] 学校教育：全县小学儿童演说竞赛会经过情形(附表)[J].金山县教育年报,1935(01)：266-276.

[62] 学校教育：小学乡土教材之编辑(附表)[J].金山县教育年报,1935(01)：198-265.

[63] 特载：修正小学课程标准总纲(二十五年七月教育部颁行)(附表)[J].江苏省小学教师半月刊,1936,4(05)：28.

[64] 吴洪成,樊凯.现代教育家俞子夷与设计教学法的中国化(上)[J].沈阳师范大学学报(社会科学版),2012(6)：4.

[65] 研究：金山县小学训育标准(金山好学生)[J].金山县教育月刊,1928,

4(12):11-14.

[66] 杨茂芬.视导事业移交之部:视察朱泾中心小学报告[J].江苏省金山县教育局教育特刊,1933(特刊):24-28.

[67] 朱泾中心小学春季一年级常识教学实例:鸡的研究[J].金山县教育月刊,1931,7(07):20-23.

[68] 朱泾中心小学区两年来的概述[J].教育季刊,1932,1(02):453-456.

[69] 法规:二年制短期小学暂行规程[J].如皋教育月刊,1937(16-17):20-22.

[70] 上海市档案馆.日伪上海市政府[M].北京:档案出版社,1986:820-821.

[71] 瞿葆奎,丁证霖."设计教学法"在中国[J].教育研究与实验,1985(3):72.

[72] 李平秋.怎样实施设计教学[J].江苏教育(苏州1940),1940(2):29-33.

[73] 侯怀银,王玲玲.民国时期的"教学"研究[J].河北师范大学学报(教育科学版),2019,21(5):38.

[74] 姚维善.我校现时实况及辅导小学教育计划[J].金山县教育季刊,1942(1):1-4.

[75] 罗廷光.普通教学法[M].上海:商务印书馆,1927.

[76] 张静霞.小学低年级的美术怎样教学:教学要点,实例及测验方法等[J].江苏教育(苏州1940),1941(6):67-70.

[77] 刘西海.民国时期中小学教师培训研究[D].东北师范大学,2013:4.

[78] 陈镇恶.播音讲稿:省立如皋师范小教师进修实况报[J].江苏省小学教师半月刊,1937,4(20)22-25.

[79] 江苏省教育厅第一届初等教育人员暑期讲习会成绩考查规程[J].江苏教育(苏州1940),1941,3(1):66-67.

[80] 金润青.小学读书新教学法概要(续)[J].江苏教育(苏州1940),1941(6):18-24.

[81] 李立国.进步主义教育运动与新教育运动的比较研究[C].中国地方教育史志研究会、《教育史研究》编辑部.纪念《教育史研究》创刊二十周年论文集(17)——外国教育政策与制度改革史研究.中国地方教育史志

研究会、《教育史研究》编辑部：中国地方教育史志研究会，2009：419-421.

[82] 张若以,高天枢.实用主义思想对中西方教育的影响[J].现代交际,2019(13)：143-144.

[83] 于书娟.欧洲"新教育运动"与中国"乡村教育运动"之异同[J].河南职技师院学报(职业教育版),2003(02)：59-62.

[84] 璩鑫圭,唐良炎.近代教育史料汇编·学制演变[G].上海教育出版社,1991：398.

[85] 璩鑫圭,唐良炎.近代教育史料汇编·学制演变[G].上海教育出版社,1991：396.

[86] 中国女学.张玉法、李又宁编.近代中国女权运动史料[G].龙文出版社,1995：543.

[87] 李圭.环游地球新录[M].谷及世,校点.长沙：湖南人民出版社,1980：41-42.

[88] 志群.女子教育.女子世界,1905(6)：2.

[89] 梁启超.论女学[J].时务报,1897(4)：6.

[90] 梁启超.新大陆游记[M].长沙：岳麓书社,1985：583.

[91] 郑观应.致居易斋主人论谈女学校书.张玉法、李又宁编.近代中国女权运动史料[G].龙文出版社,1995：546

[92] 李明勋,尤世玮.张謇全集：第四册[M].上海：上海辞书出版社,2012：166.

[93] 周宇清.近代女学兴起背景下的张謇女子教育思想与实践[A].北京教育学院学报,第32卷第5期.

[94] 杜学元.中国女子教育通史[M].贵阳：贵州教育出版社,1996：307.

[95] 梁启超.创设女堂启[A].朱有瓛主编.中国近代学制史料第一辑下册[C].上海：华东师范大学出版社,1986：618.

[96] 孙培青.中国教育史[M].上海：华东师范大学出版社,1992：590.

[97] 李海燕.中国女子教育史[J].悦读时空,2008(27)：91.

[98] 刘海燕,孙杰.近代我国小学课程的历史变迁研究[J].课程教学研究,2018,000(003)：46-51.

[99] 李春雨.民国初期女子教育研究[D].东北师范大学.

[100] 舒新城.近代中国教育思想史[M].福州：福建教育出版社,2007：289.

[101] 李森,杜尚荣.清末民初时期基础教育改革的基本经验与现代启示[J].西南大学学报(社会科学版),2013,39(02)：57-64.

[102] 李占萍.清末学校教育政策研究[D].河北大学.

[103] 刘巧利.70年：新中国基础教育发展大事记(1949—2019年)[J].中小学管理,2019(09)：9-13.

[104] 卡尔波娃,李敬永,林禹儿,苏琛懿,张智敏,谢亦平,吴锦璋.苏联的初等教育(上)——小学教育讲座[J].人民教育,1951(02)：33-39.

[105] 瞿葆奎.中国教育学百年(中)[J].教育研究,1999(01)：3-5.

[106] [苏]凯洛夫.教育学[M].陈侠,等译.北京：人民教育出版社,1957.

[107] 李保强,朱薇.我国课程管理价值观的历史演绎与多维重构——纪念中华人民共和国成立70周年[J].现代教育管理.

[108] 学制和学校类型 学制改革试验.张健主编,中国教育年鉴,中国大百科全书出版社,1949—1981,129-130,年鉴.

[109] 政务院.政务院关于整顿和改进小学教育指示(1953年11月26日),北京师范大学教育科学研究所.中小学教育政策法令选编(1949—1966)上册.1979年版(内部发行),71-75.

[110] 王喆、张琦、朱佳雯.新中国小学课程的变化(1949—1965).

[111] 小学语文暂行标准(草案)[S].1950,8.

[112] 小学算术教学大纲(草案)[S].1952.

[113] 舒敏.建国以来中学语文课堂教学模式变迁的回顾与反思[D].湖南师范大学,2015.

[114] 中华人民共和国教育大事纪(1949—1982)[Z].北京：教育科学出版社,1984.

[115] 刘英杰主编.中国教育大事典(1949—1990)上,浙江教育出版社,1993：348.

[116] 王安平.毛泽东思想概论新编[M].四川：电子科技大学出版社,2004.

[117] 吕型伟主编.上海普通教育史.上海教育出版社,1994：49-50.

[118] 曾繁仁,高旭东.审美教育新论[M].北京大学出版社,1997.

[119] 卓晴君,李仲汉.中小学教育史[M].海口：海南出版社,2002：91,426-428.

[120] 何东昌.中华人民共和国重要教育文献[M].海口：海南出版社，1990：286.

[121] 何东昌.中华人民共和国重要教育文献[M].海口：海南出版社，1990：514.

[122] 何东昌.中华人民共和国重要教育文献[M].海口：海南出版社，1990：508.

[123] 上海编制委员会办公室.上海党政机构沿革(1949—1986)[M].上海：上海人民出版社，1986：108.

[124] 黄书光.陶行知"生活教育"理论在上海的传播与发展[J].南京晓庄学院学报，2005,21(6)：1.

[125] 廖其发.中国幼儿教育史[M].山西教育出版社，2006：276.

[126] 陈玉芳.改革开放后上海中小学教育家办学个案研究[D].华东师范大学，2015：198.

[127] 张文和,李艳.口号与中国[M].中共党史出版社，1998：180.

[128] 中共中央、国务院关于教育工作的指示[N].人民日报，1958-09-20.

[129] 王林海.新中国小学课程改革：历程、问题及走向[D].湖南师范大学，2004：9.

[130] 杨均,廖其发.1957—1965年我国小学课程改革"钟摆"现象分析[J].河北师范大学学报(教育科学版)，2015,17(04)：81.

[131] 王林海.新中国小学课程改革：历程、问题及走向[D].湖南师范大学，2004：10-12.

[132] 刘英杰.中国教育大事典(1949—1990)[Z].杭州：浙江教育出版社，1993：144.

[133] 上海市小学暂用课本《语文》(二年级用)[M].上海革命教育出版社出版，1967年版，1968年1月河北省新华书店冲印.

[134] 上海市小学语文课本《语文》(三年级第二学期用)[M].上海市小学教材编写组出版，1969年版.

[135] 全日制小学暂行工作条例(试行草案)[J].安徽教育，1978,(12)：8-13.

[136] 苏坡.从教材编写史看语文观的变化[J].学语文，2005(1).

[137] 杨凤城.评"文化大革命"前的量词教育革命[J].中共党史研究，1999(2).

[138] 中山大学批林批孔办公室.批林批孔运动促进我校教育革命深入发展[J].中山大学学报(社会科学版),1974(5).

[139] 周全华.文化大革命中的教育革命[M].广州:广工教育出版社,1999.

[140] 张化,苏采青.回首"文革":中国十年"文革"分析与反思(上、下册)[M].背景:中共党史出版社,2004.

[141] 杨九诠.1978—2018年:中国课程改革当代史[J].课程·教材·教法,2018,038(010):11-19.

[142] 柯政.从整齐划一到多样选择:改革开放40年中国课程改革之路[J].全球教育展望,2018(3):3-18.

[143] 龙安邦,余文森.我国基础教育课程改革与发展70年[J].课程·教材·教法,2019,39(02):11-18.

[144] 钟启泉,崔允漷,张华,等.为了每一个学生的发展——新世纪中国基础教育课程改革刍议[J].全球教育展望,2001(02):4-9.

[145] 李涛.新中国历次课程改革中的"双基"理论与实践探索[J].基础教育外语教学研究,2010(7):14-22.

[146] 彭泽平,杨启慧,罗珣.新中国中小学德育课程改革70年:历程,经验与展望[J].教育学术月刊,2019(11).

[147] 徐淀芳.初心如磐筑梦前行——上海基础教育课程改革30周年回顾[J].上海课程教学研究,2018,000(001):3-6.

[148] 谢晓英,焦婧茹.上海"一期课改"的动因及工作机制——原上海市教育局副局长凌同光访谈录[J].上海课程教学研究,2018,40(12):5-8.

[149] 郭朝红.上海市两期课改推进与实施过程的差异比较[J].基础教育课程,2019,249(09):8-20.

[150] 孙元清.系统认识上海课程改革[J].上海教育,2006(05B):24-24.

[151] 徐洁.迈向"核心素养":新中国成立70年基础教育课程改革的逻辑旨归[J].教育科学研究,2020(01):12-17.

[152] 项贤明.基础教育课程改革如何从理念转化为行动——基于我国70年中小学课程改革历史的回顾与分析[J].课程·教材·教法,2019,39(10):41-51.

[153] 焦婧茹,谢晓英.一期课改:一次走向未来的破冰之旅——专访原上

海市教育局局长袁采[J].上海课程教学研究,2018(02):3-8.
[154] 张民生.我亲历的上海中小学课程改革[J].上海课程教学研究,2018(05):3-7.
[155] 刘秋萍.新课程三维目标在课堂教学中整合的思考[J].教育导刊,2003(10):59-61.
[156] 李钧.基于课程标准的中观教学设计——以《电和磁》主题单元设计为例[J].中学物理教学参考,2013(11).
[157] 罗小茗.信息技术与课程改革——以上海"二期课改"为例[J].北京大学教育评论,2013,11(004):63-76.
[158] 上海市教育委员会.上海市普通中小学课程方案(试行稿)[Z].上海:上海教育出版社,2004:1.
[159] 尹后庆.校本课程的价值追求和实践探索[J].上海教育,2013,000(001):24-25.
[160] 钟以俊.美学视野中的学校教育[M].广东:广东教育出版社,2006.
[161] 徐彬,刘志军.指向核心素养的课程评价探析[J].课程·教材·教法,2019(7).
[162] 陶磊.上海市小学二期课改课程设置研究[D].华东理工大学.

图书在版编目(CIP)数据

百年"淑新"文化引领下的学校课程审视与未来构想 / 何园英主编 .— 上海 : 上海社会科学院出版社,2021
ISBN 978-7-5520-3512-4

Ⅰ.①百… Ⅱ.①何… Ⅲ.①小学—课程建设—教学研究 Ⅳ.①G622.3

中国版本图书馆 CIP 数据核字(2021)第 041240 号

百年"淑新"文化引领下的学校课程审视与未来构想

主　　编：何园英
责任编辑：杜颖颖
封面设计：黄婧昉
出版发行：上海社会科学院出版社
　　　　　上海顺昌路 622 号　邮编 200025
　　　　　电话总机 021-63315947　销售热线 021-53063735
　　　　　http://www.sassp.cn　E-mail：sassp@sassp.cn
排　　版：南京展望文化发展有限公司
印　　刷：上海颛辉印刷厂有限公司
开　　本：710 毫米×1010 毫米　1/16
印　　张：13.5
字　　数：210 千字
版　　次：2021 年 3 月第 1 版　2021 年 3 月第 1 次印刷

ISBN 978-7-5520-3512-4/G·1069　　　　定价：59.80 元

版权所有　翻印必究